아담은 이브를 몹시 사랑했다.
자신의 뼈 중의 뼈라고 이야기할 만큼 사랑했다.
그러다가 둘은 낙원의 중앙에 있는 먹지 말라는
과일을 몰래 먹었다.
도둑질이다.
아담과 이브는 하나님께 들켰다.
하나님은 왜 먹었냐고 물었다. 아담은 말한다.

"하나님. 이 여자 때문에 먹었어요."

사랑이 탄생한 지 얼마 되지 않았을 때
사랑의 종말을 알리는 종이 울렸다.

아담이 이르되 하나님이 주셔서
나와 함께 있게 하신 여자 그가
그 나무 열매를 내게 주므로 내가 먹었나이다.

성경의 창세기 3장 13절

프롤로그:

이혼의 자리에서 만나는 합리성의 잔인함 9

결혼, 이상과 현실 사이

사랑의 완성은 결혼? 15

등급 매겨진 결혼 19

내가 선택한 유일한 가족 24

결혼은 개인의
감정, 제도, 성장까지 아우른다. 28

결혼이 문제가 되는 시대

시작만 로맨스 37

결혼과 동거는 엄연히 다르다. 42

이혼율의 사회 현상 49

김삼순이 결혼하지 못하는 이유 54

결혼 권하는 사회 57

결혼은 이런 것이어야 한다

결혼에서 의무란	62
결혼에 대한 이상주의와 비관주의	69
내 배우자는 정말 안 변하는가	74
환상을 걷어내고 책임 있게 선택하기	77
결혼: 자유와 공동체 사이에서	
피어나는 인간적 성숙	81
희생과 헌신의 집약체	86
사랑 뒤에 피어나는 책임과 의무	89
문제가 없는 것이 문제	93
결혼 위에 나답게 서기	98

그렇다면 이혼을 어떻게 봐야 하는가?

이혼 절차와 법원의 역할	107
나를 위한 삶으로서의 이혼	111
협의 이혼의 모든 것	116
조정 이혼, 협의 이혼과 재판 이혼 그 사이	121
주체적인 이혼이란	125

사랑의 회복

시작은 대화에서부터　　　　　　　　　131
이혼 위기 앞에서 상담소를 두드리는 용기 136
낯선 풍경 속에서 다시 만나는 우리　141
한 지붕에서 다시 찾는 거리　　　　146
돈이 결혼을 뒤흔들 때　　　　　　150
서로의 자유를 보장해야 진짜 함께 산다 156
회복의 길, "인정"　　　　　　　　　161

사랑의 종말로서 존엄

사랑만으로는 해결되지 않는 지점들　169
이혼 사유의 경계선, 어디까지인가?　173
부부 그리고 부모가 된다는 것　　　178
절대적 고의범, 폭력　　　　　　　182
가장 잔인한 이혼 사유, 외도　　　　188
개인의 중독, 공동의 피해　　　　　194
섹스리스, 가볍지 않은 부부의 고민　199
시부모님, 존중의 경계　　　　　　204
황혼 이혼, 참고 사는 일의 종착역　208

혼인 취소는 무조건 빠르게	213
보호받으려면 혼인 신고를 해라	217
증거 수집을 해야한다면	222

내가 바라보는 결혼

결혼은 사랑의 완성을 향한 공동 여정	228

에필로그:
이혼, 그리고 사랑의 여정   232

프롤로그:
이혼의 자리에서 만나는 합리성의 잔인함

이혼 변호사이자 유튜버로서 결혼에 대해 이야기하는 것은 부담스럽다. 재판장에서 이혼을 변론하며 돈을 벌고 있지만, 이혼이 정답은 아니라는 사실 또한 알고 있다. 누구는 이혼으로 돈을 번다고 생각하지만, 나는 사랑이 끝나는 장면들을 바라보며 사랑의 면모들에 대해 생각해 볼 수 있었다.

사랑해야 결혼한다. 결혼은 흔히 남녀의 사랑이 완성되는 단계라 여긴다. 하지만 나는 완성된 사랑을 목도한 적이 없다. 실상은 삶의 무수한 책임과 의무를 함께 짊어지는 성장하는 공동체였다. 부푼 마음으로 시작하지만 결혼 속에 마주한 두 사람의 관계는 약했고, 삐걱거렸으며, 이곳저곳 상처가 났다. 대부분의 상담은 상처가 나고 아물어가거나 덧나거나 하는 과정에서 진행됐다. 재산·자녀·가족 간 갈등 등은 단순한 사랑의 감정보다 훨씬 무겁고 복잡했다. 결혼이 끝내 실패로 치달을 때, 이미 몸담았던 공동체가 차가운 서류 몇 장과 숫자로 환산되어 해체되는 장면을 목격했다. 감정으로만 바라본 사랑은 유리알 같이 맑았지만, 그만큼 깨지기도 쉬웠다.

이혼은 단지 파멸과 실패만을 의미하는 선택이 아니다. 때때로 극도로 파괴적인 결혼 생활에서 자신을 보호하거나 더 이상 회복 불가능한 관계를 정리해 서로가 새로운 길을 갈 수 있도록 출구를 제공하기도 했다. 처음에 잘 못 끼워진 단추는 다시 풀지 않으면 맞출 수 없는 것 처럼, 돌아가기 위한 이혼이 필요했다. 결혼이 한때 "서로를 위해 살겠다."는 약속이었다면, 이혼은 "더 이상 피해를 주고받지 않고 각자의 길을 가겠다."는 약속이 될 수 있는 셈이다. 두 약속은 상반된 듯 보이지만 그 밑바탕에는 공통적으로 인간의 존엄을 지키려는 의지가 놓여 있다.

나는 결혼의 다양한 단면을 살폈다. 결혼이 망가지기까지 겪는 폭력, 외도, 돈 문제, 가정 내 소통 부재, 시부모 갈등, 섹스리스 등. 그 속에서 "사랑이 식었다"는 표현만으로 설명할 수 없는 복잡한 원인들이 한데 엉켜 있다. 그 와중에도 누군가는 "끝까지 이 가정을 지키고 싶다."는 마음으로 발버둥 쳤고 다른 누군가는 "그래도 이제는 떠날 수밖에 없다."는 결론에 이르렀다. 때때로 의외의 노력—서로가 마지막으로 시도해 보는 대화, 여행, 상담 등—이 파탄 직전의 부부를 구해내는 기적적인 상황을 낳기도 했다. 나는 그 끝을 바라보며 사랑이 무엇이었는지 다시 질문을 던졌다.

결혼 생활을 유지해 가는 사람도 이혼을 이미 겪은 사람도 혹은 이혼을 결심하는 사람도 결국 같은 물음을 품게 된다. "사랑이란 무엇이었고 결혼은 과연 어떤 의미였나?" 이 질문에 단일한 답은 없지만 분명한 사실은 하나 있다. 결혼은 결코 혼자서는 완성할 수 없는 공동체적 협력이라는 것이다. 그 협력이 깨졌을 때 서로를 최소한으로 존중하고 보호하며 관계를 해소하는 절차가 바로 이혼이라는 것이다. 합리적이면서도 잔인하게 느껴지는 법적 과정 뒤에는 어쩌면 서로가 함께 살 수 없는 관계로 소진되어 가는 걸 더 이상 방치하지 않겠다는 나름의 인간적 결단이 담겨 있다.

"이혼을 택하면 다 해결된다."거나 "결혼을 무조건 붙들고 있어야만 한다."는 식의 단순함을 주장하고 싶은 건 아니다. 결혼이든 이혼이든 중요한 건 왜 이 선택을 하는가, 그리고 어떻게 그 선택이 자기 삶을 존엄하게 만들고 상대를 배려할 것인가라는 물음이다. 제대로 된 성찰과 준비 없이 내린 결정은 더 큰 후회를 남길 뿐이다.

결혼이 감정의 완성이고 공동체적 사랑의 시작이라면 이혼은 새로운 시각에서 사랑을 다시 바라보는 또 다른 전환점일 수 있다. 타인을 소유하지 않고, 자신의 존엄도 함부로 포기하지 않겠다는 인간적이고도 법적인 선언이기도 하다. 사랑의 결실이라는 결혼 제도와 이혼이라는 결정 뒤에 숨은 복잡한 감정과 제도적 현실을 조금이나마 더 깊이 이해하길 바란다. 서로에게 의존하고 애정을 쏟으며 함께 살아간다는 것. 그리고 때로는 거기서 빠져나와 스스로를 지키는 길을 찾는다는 것. 이 모든 과정이 결코 가벼울 수 없는 인간이 겪어야 할 숱한 여정이다. 결혼 앞에서나 이혼 앞에서나 우리가 놓치지 말아야 할 건 끝끝내 인간의 존엄이라는 사실이다. 자기 자신과 타인의 존엄을 지키면서 사랑할 수 있다면 가장 좋겠고 그렇지 못할 때는 과감히 결단을 내리는 용기도 필요하다. 사랑의 마지막은 인간의 존엄이다. 그리고 그 모든 과정이 결국 나와 너는 어떤 존재인가?를 끊임없이 질문하는 과정임을 잊지 않는다면 이혼이든 결혼이든 결국 사랑과 삶에 대한 깊은 성찰로 이어질 것이다.

결혼,
이상과 현실 사이

1장

사랑의 완성은 결혼?

우리는 태어나는 순간부터 사랑의 수혜자로 세상에 던져진다. 눈도 뜨지 못한 아기가 엄마의 품 안에 안겨 병원의 차갑지만 환한 빛 속에서 울음을 터트릴 때, 그 울음소리는 고통이나 불안의 표현이기 이전에 가장 원초적인 사랑의 확인이다. 아이가 앞으로 살아갈 생애 전체를 생각하면 분명 사랑의 최대 수혜자는 바로 아기 자신이다.

대부분의 사람은 평범한 가정 안에서 엄마와 아빠, 때론 몇몇 형제자매와 더불어 태어나 성장한다. 어떤 이는 그 안에 할아버지, 할머니까지 포함될 수도 있다. 이 모든 구성원의 시작점에는 연애와 결혼이라는 긴 여정이 놓여 있다. 아이는 이 사랑의 과정을 자연스럽게 배우고 익히며 자라난다.

아직 결혼이 뭔지 모르는 어린 아이들은 이성의 부모 품에 안겨 작은 팔로 목을 감으며 이렇게 말한다. "나 크면 엄마랑 결혼할래." 이는 결혼이라는 단어가 무엇인지도 모르는 채, 오직 사랑이란 자신이 가장 좋아하는 사람과 함께하는 것이라는 원초적인 감각에서 나온 말이다. 조금 더 자라 유치원이나 초등학교에 들어가면 아이들은 친구들끼리 결혼 상대를 정하기도 한다. 결혼이 무엇인지 제대로 이해하지 못했음에도, 아이들은 이미 본능적으로 결혼을 사랑의 완성이라는 막연한 이미지와 연결시킨다. 청소년기에 접어들어 처음으로 가슴 두근거리는 사랑을 경험할 때쯤 되면, 이들은 그 사랑이 언젠가 결혼으로 귀결되는지를 궁금해하기도 한다. 동시에 아이들은 자신의 가정에서 현실적인 결혼의 민낯을 목격한다. 부모의 다툼과 화해를 보고, 침묵과 거리감을 경험하며, 어쩌면 종국에는 이혼이라는 파국으로 치닫는 모습을 보면서 말이다.

많은 사람은 결혼을 사랑의 완성이라 믿는다. 하객의 박수와 꽃잎의 향기, 아름답게 꾸며진 결혼식장의 풍경 속에서 결혼이 인생의 완성인 듯 느껴지기 때문이다. 그 화려한 의식이 끝난 뒤 현실의 막이 오르면, 결혼은 완성이 아니라 오히려 이제부터 사랑을 완성해가겠다는 긴 노력과 약속의 시작이라는 사실을 깨닫게 된다. 사랑은 본래 완성된 상태로 주어지지 않는다. 오히려 완성을 향한 끊임없는 헌신과 희생을 요구하는 사회적 약속이다. 사랑의 완성을 결혼으로 오해하는 사람들은 화려한 출발선 너머 기다리는 오랜 질고의 시간을 쉽게 견디지 못하고 삐걱 거린다. 사랑을 완성된 형태로 보았기 때문이다.

"행복한 가정은 모두 비슷하지만 불행한 가정은 제각기 다른 이유로 불행하다"

톨스토이,《안나 카레니나》

톨스토이는 역설적으로 완벽해 보이는 사랑과 그 결과인 가정이 얼마나 취약하고 불완전한지를 드러낸다. 발견하려고 하면 계속 나오는 문제, 그리고 그걸 덮고 노력해야 하는 부부. 완성된 사랑은 단 하나도 없다. 결혼 역시 완전한 사랑의 증명이 아니라, 불완전한 두 사람이 함께 삶을 견디고 성장하며 그 불완전한 사랑을 성숙하게 만들어가는 과정이다. 사랑의 완성은 결혼이라는 환상을 품는 순간, 결혼은 오히려 완성에 도달하지 못한 것에 대한 끊임없는 좌절과 실망의 반복이 되고 만다.

결혼이란 사랑을 완성하는 마지막 단계가 아니라 사랑의 미완성을 인정하고 그것을 함께 완성해가겠다는 사회적 선언이다. 둘의 사랑으로 새로운 성장을 사회적으로, 공공연하게 연표하는 것이다. 결혼에서 약점과 한계는 반드시 드러난다. 어쩌면 결혼식의 환호와 축하는 이제 시작해야 하는 가족 공동체를 위한 응원인지 모르겠다. 환상을 걷어내고 서로의 불완전성을 감싸 안고 함께 완성을 향해 한 걸음씩 나아가는 과정이다.

사랑의 가장 깊은 의미는 결혼이라는 형식을 넘어 서로를 끝없이 용납하고 견뎌야 한다. 사랑을 전제로 한 관용이 필요한 곳은 가정 공동체이다. 어쩌면 이 과정을 진정으로 이해한 사람들만이 현실 속에서 사랑의 무게를 감당할 수 있다.

그럼에도 불구하고 여전히 결혼에서 완성을 찾고, 완성되지 못했을 때 좌절하며, 완성을 이루지 못한 상대를 비난하거나 스스로를 탓한다. 이런 오해는 결혼의 실패와 서로에게 상처를 남기기도 한다. 결혼은 그 자체로 완성을 보장하지 않는다. 완성되지 않은 두 사람이 사랑을 가지고 살아갈 수 있도록 끊임없이 노력하고 선택하는 의지의 연속일 뿐이다.

등급 매겨진 결혼

　결혼정보회사는 이제 현대인들에게 익숙한 풍경이 되었다. 예전엔 친척이나 지인을 통해 이뤄지던 만남이, 이제는 연봉, 학벌, 외모, 직업, 자산 등 각종 스펙을 바탕으로 산정된 등급을 통해 이루어진다. 이는 효율성을 중시하는 현대인의 특성과 정확히 맞아떨어져, 마치 주식 종목을 고르듯 결혼 상대를 비교하고 선택하는 것이 자연스러운 시대가 되었다. "조건이 비슷하면 갈등이 적다."는 현실적인 이유도 이런 흐름에 힘을 싣는다. 실제 이혼 법정에서 흔히 등장하는 갈등의 이유도 "성장 환경이나 가치관이 너무 달랐다."는 것이기에, 초기부터 비숫한 배경을 가진 이들을 연결하는 시스템은 매우 설득력 있어 보인다.

나에게 이혼 상담을 하는 사람들의 이야기를 들어 보면, 이처럼 등급화된 결혼의 맹점이 드러난다. 그들은 대부분 "조건은 좋았는데, 함께 살기 시작하니 전혀 맞지 않았다."고 말한다. 등급이나 조건이란 명목으로 서로의 가치를 수치화하고 비교 가능하게 만들어 놓으면, 결혼 생활의 본질적 요소인 정서적 교감이나 성격의 적합성, 위기 상황에서 나타나는 개인적 차이 같은 것들은 쉽게 무시되기 때문이다. 물론 일부 결혼정보회사가 성격 검사나 취향 분석 같은 내면적 기준을 반영하려 하지만, 사람의 복잡한 내면과 섬세한 관계성을 한두 가지 테스트로 수치화하는 건 사실상 불가능하다.

이혼 소송 현장에서 자주 목격하는 또 다른 현상은 높은 조건에 따른 높은 기대와 그에 따른 실망이다. 완벽한 프로필을 보고 선택한 상대방이 일상에서 사소한 기대를 충족시키지 못할 때, 사람들은 "저 사람 정도라면 당연히 이 정도는 해줄 거라 생각했는데."라며 분노와 실망을 표현한다. 마치 예쁘게 포장된 상품을 구매한 소비자가 제품의 사소한 하자에도 민감하게 반응하는 것과 비슷한 원리다.

최근 맡았던 이혼 소송에서는 결혼정보회사를 통해 만난 부부가 경제적 갈등으로 파탄에 이른 사례가 있었다. 남편은 대기업을 다니고, 아내는 부유한 가정에서 자랐다. 결혼정보회사에서 남성의 경제력, 여성 부모님의 재력의 합이 좋아 매칭했다. 만난 지 4개월 만에 결혼식을 올리고 결혼생활을 시작했다. 하지만 신혼 초 신혼여행에서 명품 백을 구매하자는 아내의 말에 남편이 따라주지 않아 부부 싸움이 시작되었다. 싸움은 아이의 유모차 브랜드 선택 문제까지 이어졌다. 대기업을 다니며 연봉 1억 원을 받는 남편의 소득만으로는 아내의 소비를 따라잡을 수 없었다. 결혼 전 아내 부모님이 추후 부동산을 증여해 줄 수도 있다는 약속을 했지만 정작 결혼생활 동안 도움 주는 부분이 별로 없었다. 남편의 소득만으로 사치품 소비를 감당하지 못해 남편은 이혼 카드를 꺼냈다. 등급표상에 나타난 재력은 분명히 높았지만, 결혼 후 상대의 과도한 소비 습관이나 경제적 무책임함이 드러나며 문제가 생겼다. 경제력은 수치로 표현 가능하지만, 경제관념이나 삶의 태도는 쉽게 드러나지 않는 영역이기 때문이다.

　상호 간의 불신도 있다. 좋은 조건을 맞춰 결혼할수록 상대방에 대한 의심과 경계가 깊어진다. "저 사람이 나보다 조건이 부족한데, 날 이용하는 건 아닐까?", "저 사람의 프로필에 적힌 직업이나 재산은 실제와 다른 건 아닐까?" 하는 생각이 결혼 생활 내내 마음 한편에 자리 잡는다. 사기 결혼을 하는 경우도 많지 않은가? 결혼의 초기 단계부터 손익계산을 하며 시작하게 되는 불신은 시간이 흐를수록 깊어지고, 작은 갈등도 이혼으로 이어질 만큼 큰 균열을 초래할 수 있다.

결혼정보회사의 서비스를 무조건 비판할 생각은 없다. 바쁜 현대인들에게 최소한의 검증을 거친 만남을 제공하고, 불필요한 시행착오를 줄여주는 실용적인 역할을 하는 건 분명하다. 결혼정보회사가 간과하는 점은 바로 결혼의 핵심이 단지 조건의 조합이 아니라, 삶을 함께 살아내는 과정에서 나타난다는 사실이다. 결혼 생활에서 중요한 것은 '상대를 선택할 수 있는 자유'보다 오히려 그 자유를 제한할 수 있는 책임감이다. 올바른 선택이 문제를 만들지 않을 것이라는 믿음과 달리, 실제 결혼의 본질은 선택 이후 주어지는 자유의 폭을 스스로 좁혀가는 과정에 더 가깝다. 현대 사회가 자유를 고결한 가치 중 하나로 여기지만, 늘 포기 할 수 없는 최선의 가치는 아니다. 최초의 인류로 알려진 아담은 하와를 직접 선택하지 않았다. 하와 역시 아담을 선택하지 않았다. 그러나 둘의 관계가 가정의 전형으로 오랫동안 거론된 이유는 결혼이란 결국 상대를 선택하는 것보다, 선택 이후 서로에게 얼마나 책임을 다하는가에 달렸다는 진실을 내포한다. 육아나 가사 분담, 양가 부모와의 갈등과 같은 예상치 못한 문제들 앞에서 필요한 것은 배우자의 등급이 아니라 서로의 깊은 이해와 문제를 해결하려는 책임감과 성숙한 태도. 수많은 이혼 소송을 접해보니 결혼 생활의 성패는 서로 얼마나 성숙하고 헌신적으로 관계를 이어 나갈 준비가 되어 있느냐이다.

사랑이란 서로 다른 두 세계가 만나 새로운 세계를 만들어가는 과정이다. 결혼은 사랑의 구체적이고도 법적인 하나의 현상이다. 조건과 등급을 맞춰 만난 두 사람이 아무리 잘 어울려 보여도, 실제 삶 속에서 새롭고 공통된 세계를 만들어 가지 못하면 결국 실패할 수밖에 없다. 반대로 조건이 다소 부족하더라도 서로의 차이를 인정하고 존중하며 함께 성장할 준비가 되어 있다면, 그 결혼은 훨씬 더 단단해질 수 있다.

내가 선택한 유일한 가족

인터넷에서는 배우자를 표현할 때 '내가 선택한 유일한 가족'이라는 수식어를 즐겨 붙인다. 부모나 형제자매, 조부모, 친척 모두 선택할 수 없는 필연적 인연이지만, 배우자만은 나의 의지와 결정으로 맞이하는 유일한 관계라는 의미다. 사랑과 의지로 맺어진 단 하나의 가족. 이보다 더 근사한 말이 있을까?

이 아름다운 표현의 이면에는 간과하기 쉬운 본질적 문제가 숨어 있다. 선택은 결코 달콤하기만 한 것이 아니라, 그에 걸맞은 책임이 반드시 뒤따른다. 자유에는 늘 책임이 그림자 처럼 따라 붙는다. 결혼은 단순히 애정 관계를 법적으로 보장하는 절차가 아니라 서로의 삶에 대한 권리와 의무를 공식적으로 선언하는 중대한 계약이다. 서류상, 법률상 책임을 넘어 일상과 삶의 모든 영역에서 배우자라는 이름의 책임 하나를 더 짊어지는 것이다. 생각보다 많은 이들이 결혼할 때 이 책임을 가볍게 여기거나 아예 고려조차 하지 않는 경우가 많다. 두가지 이유가 있다고 보인다. 하나는 사랑이 모든 책임을 감수할 수 있을 거라고 기대하게 해 둔감하게 만드는 경우이며, 다른 하나는 개인주의적 성향이 강해졌기 때문이다.

  결혼이 짊어져야 할 책임이란 단지 법률에 명시된 부양의무나 경제적 공동 책임만이 아니다. 배우자가 갑작스런 질병이나 사고로 더 이상 일하지 못하게 된다면, 나 혼자 한 가정의 경제를 모두 짊어지고 가야 하는 상황이 벌어진다. 과연 결혼의 책임이 오직 경제적 부양만을 의미할까? 결혼이라는 현실에서는 배우자의 정서적 안정을 보살펴야 하는 감정적 책임, 서로의 인간관계와 사회적 관계를 조율하는 관계적 책임까지 더해진다. 게다가 때로는 배우자의 부모나 가족에 대한 책임마저 자연스럽게 추가되곤 한다. 이미 결혼생활을 하고 있는 사람이라면 이 말에 절로 고개를 끄덕일 것이다. 개인적으로도 결혼하기 전 상상했던 것보다 훨씬 더 많은 종류의 책임이 내 어깨 위에 놓여 있음을 매일 실감하며 살아간다. 만약 아이까지 있다면 이야기는 더욱 복잡해진다. 아이를 낳아 키우게 되는 순간, 결혼을 통해 지게 된 책임은 최소 두 배 이상이 된다. 이 무거운 책임들을 과연 얼마나 많은 사람이 결혼 전에 진지하게 고민했을까?

"사랑은 서로를 바라보는 것이 아니라 함께 같은 방향을 바라보는 것이다."
작가 생텍쥐페리, 《어린 왕자》

결혼에도 정확히 들어맞는다. 배우자는 단순히 로맨틱한 감정을 주고받는 존재가 아니라, 인생이라는 긴 여정에서 함께 나아가는 동반자이기 때문이다. 동반자와의 긴 항해가 가능하려면 사랑의 감정만으로는 부족하다. 서로에 대한 책임을 기꺼이 짊어지고, 그 책임을 함께 나눌 수 있어야 비로소 결혼이라는 배는 난파하지 않고 목적지를 향해 나아갈 수 있다.

이혼 상담을 진행하다 보면 사랑이라는 이름으로 결혼을 선택했지만, 책임을 등한시한 순간부터 갈등과 원망이 자리 잡기 시작한다. 흔히 말하는 '사랑이 식었다.'는 말의 진짜 의미는 상대방을 향한 감정이 사라진 것이라기보다는, 배우자와의 관계를 유지할 책임을 감당할 의지와 능력이 약해졌다는 말에 가깝다. '내가 선택한 유일한 가족'이라는 표현이 가진 달콤함만큼이나 이 표현에 담긴 책임감도 깊이 음미할 필요가 있다. 선택이라는 말 속에는 반드시 그 선택에 따른 결과까지도 내가 감당해야 한다는 필연이 담겨 있기 때문이다. 재판에서는 사랑이 식었다는 이야기를 꺼낸 서면을 단 한 번도 보지 못했다. 당연하다. 재판상 이혼 사유에 '사랑이 식었다.'는 사유는 없기 때문이다. 혼인은 애정을 가진 상대와 하게 되지만 애정이 사라지는 것 자체가 혼인계약을 해제할 수 있는 사유는 아니다. 민법 840조 제6호 사유인 '기타 혼인을 계속할 수 없는 중대한 사유'에 대한 판결은 다음과 같다. '부부간의 애정과 신뢰가 바탕이 되어야 할 혼인의 본질에 상응하는 부부공동생활관계가 회복할 수 없을 정도로 파탄되고 그 혼인 생활의 계속을 강제하는 것이 일방 배우자에게 참을 수 없는 고통이 되는 경우'라고 판시한다. 법원도 애정이 없어진 자체를 이혼 사유로 보기보다 애정과 신뢰를 저버린 행위를 한 상대방의 잘못이 이혼 사유로 보고 있다. 애정과 신뢰를 유지해야 할 책임이 부부 양 당사자에게 있다고 말한다.

   결혼은 낭만적인 선택으로 시작하지만, 결국 그 관계를 지탱하고 유지하는 것은 책임감이라는 현실적 덕목이다. 서로를 선택한 순간부터 배우자라는 새로운 가족은 '좋을 때나 나쁠 때나' 끝까지 책임져야 할 존재로 내 삶에 들어온다. 이 책임을 기꺼이 받아들일 준비가 되어 있지 않다면, 결혼이 가져다줄 달콤한 행복 역시 한낱 환상에 불과할지도 모른다.

결혼은 개인의 감정, 제도, 성장까지 아우른다

결혼은 더 이상 사랑이라는 단어 하나로 설명할 수 없는 복잡한 현실로 진입했다. 과거에는 월급봉투를 고스란히 건네며 "가족을 위해 쓰라"고 말했을 때 큰 갈등이 없었다. 하지만 이제는 결혼 생활이 시작되자마자 경제를 '동업'의 관점으로 바라보는 풍조가 강력해졌다. 서로의 월급에서 얼마씩 부담할지, 집을 사면 누구 명의로 등록할지, 생활비는 어떤 방식으로 공개할지 등이 결혼 초반부터 주요 쟁점으로 떠오른다. 혼인 신고 전부터 이미 머릿속에서는 "이 결혼에서 내가 이익을 보는가, 손해를 보는가?"라는 질문이 떠나지 않는다.

급격한 경제적 불안정과 팍팍한 사회 현실이 표면적 원인이다. 과거보다 훨씬 높아진 집값, 장기화된 취업난은 개인들이 자신의 경제적 안전망을 지켜야 한다는 압박을 준다. 둘이 힘을 합쳐도 미래를 장담할 수 없는 시대에 사람들은 자연스럽게 "내 것을 지켜야 한다."는 방어 태세로 들어선다. 온라인을 통한 정보의 과다 공급도 한몫한다. 결혼으로 인해 손해 본 사람들의 사례가 삽시간에 퍼지면서, 결혼을 시작하기도 전에 이미 불신과 경계심부터 갖게 되는 것이다. 타인의 불행 사례가 내 결혼생활의 예언서가 되어 버린 시대다.

경제적 자산은 분명히 숫자로 나타나지만, 가정에서 일어나는 대부분의 헌신은 숫자로 환산하기 어렵다. 배우자의 경력 단절이나 가사와 육아에 쏟는 시간, 감정적 돌봄과 안정감을 제공하는 정서적 지원은 경제적 평가로 제대로 인정받지 못 한다. 법적으로도 결혼 중 이루어진 재산 분할에서 금전적 투자(유형적 기여)만큼이나 중요한 것이 가정에 대한 헌신(무형적 기여)이다. 그런데 이런 법적 보호가 있음에도, 현실 속 부부들은 결혼생활 내내 서로의 헌신과 희생을 "네가 뭘 얼마나 했냐?"는 차가운 숫자 논리로 재단하기 바쁘다. 법원은 공동체로서의 결혼을 인정하지만, 당사자들은 현실 속에서 공동체적 가치를 잃어버리고 서로를 경제적 파트너로만 대할 때가 많다.

경제적 문제에 대한 논의 자체가 나쁘다는 것이 아니다. 책임과 권리를 투명하게 나누는 것은 건강한 결혼 생활의 필수 요소다. 그러나

지나치게 이해타산적 관점에서 결혼을 바라보게 되면, 결국 상대방과의 신뢰 구축보다 "누가 더 많이 가져가느냐?"는 경쟁적 손익계산만 남게 된다. 그 결과로 사랑으로 시작한 소통과 신뢰가 무너지고, 돈으로 환산할 수 없는 헌신과 배려의 가치는 서서히 사라진다.

결혼은 '동업'과 '공동체' 사이의 긴장 관계에 놓여있다. 재산과 기여도를 명확하게 논의하면서도 서로의 희생과 감정적 투자를 진심으로 인정할 줄 알아야 한다. 서로의 기여를 존중하고, 경제적 불안을 함께 나누며, 궁극적으로는 부부간의 신뢰와 대화가 우선되는 환경을 만드는 것이 가장 현명한 접근이다. 그렇지 않고 처음부터 끝까지 재산의 양과 비율로만 결혼 생활을 판단하면, 결혼이라는 이름이 가지는 본질적인 공동체성은 결국 흔들릴 수밖에 없다.

한 가정은 남편이 소득활동을 하고 아내가 가사와 양육을 전담하며 역할분담을 했다. 자녀가 자라면서 아내는 이른바 상급지로 이동하기를 원했다. 부동산 카페, 인터넷 강의들을 들으며 열심히 임장을 다닌 덕에 강남의 괜찮은 아파트 한 채를 얻었다. 부부가 가진 자산 중 가장 큰 자산은 역시 아파트였다. 부부의 결혼기간에 비례해서 아파트의 시세도 가파르게 상승했다.

하지만 가정에는 오랜기간 갈등이 있었고 아내와 남편은 갈등을 해소하지 못해 결국 이혼하게 되었다. 아내는 혼인생활 중 본인이 노력한 부분을 주장하며 아파트의 절반을 요구했으나, 남편은 결혼생활 기간동안 소득을 번 것은 오직 본인이었다며 아내의 기여도는 크게 봐야 20프로라고 주장했다. 법원은 아내의 손을 들어주었다. 아내가 가정주부로 소득이 없었지만, 아파트의 매수 과정을 적극적으로 주도하고 가사와 육아를 전담하였던 사실을 인정하여 재산 형성, 유지, 증식에 기여한 바가 있다고 판단했다.

실제로 결혼을 동업으로만 여기며 시작한 부부는 "내게 주어진 이익은 얼마인가?"라는 질문 하나로 결혼 생활의 안정성을 무너뜨린다. 경제적 상황이 안정의 기본이라고 생각을 하겠지만, 결혼과 가정을 지탱하는 것은 사실 사랑과 의무, 책임이다. 돈이 없어도 가정을 유지하는 사람은 많지만, 사랑의 의무와 책임이 없는데 가정을 유지하는 부자는 없다. 장기적으로도 결혼은 이득을 얻기 위한 비즈니스 관계가 아니다. 삶을 공유하고 서로의 짐을 나누어지며 공동의 행복을 추구하는 동행이다. 한쪽이라도 부부관계를 단순히 가치 창출 파트너로 여기기 시작하면, 상대가 기울인 노력과 애정, 그리고 금전적 가치로 표현할 수 없는 무수한 기여들은 빛을 잃는다.

칸트는 도덕의 핵심이 타인을 목적으로 대하는 데 있다고 말했다. 결혼 또한 상대를 수단이나 이익의 도구로 바라보는 순간 이미 본질에서 멀어지기 시작한다. 상대를 있는 그대로 존중하고, 서로의 삶이 성장할 수 있도록 도우며, 눈에 보이지 않는 헌신을 기꺼이 인정하고 함께 나눌 때 진정한 의미의 결혼 생활이 가능해진다.

"예컨대 결혼이라는 것은, 언제나 진정한 결혼을 가능케 하는 근본적인 방식, 즉 두 사람이 서로에게 너(역자 주: 사물이나 도구로 그것이 아닌 인격체로서 너)를 드러내는 것 외에는 결코 새로운 생명력을 얻을 수 없다. 결혼은 바로 그 드러냄을 통해 형성되며, 그렇게 만들어진 결혼은 어느 한 사람의 '나'에 속하지 않은 제3의 너로 존재하게 된다. 이것이 사랑을 지탱하는 형이상학적이고 초심리적인 요소이며, 우리가 흔히 느끼는 사랑의 감정들은 단지 그것을 따라오는 부차적인 것에 불과하다."

마틴 부버, 《I and Thou》

마틴 부버는 인간관계의 본질을 '나-너(I-Thou)'와 '나-그것(I-It)'이라는 두 가지로 구분했다. 진정한 관계는 반드시 '나-너'의 관계일 때 가능하다고 주장했다. '나-그것'의 관계는 상대를 단지 목적이나 수단으로 대할 때 형성된다. 여기에서 상대방은 이용하거나 통제할 수 있는 대상에 불과하다. 반면 '나-너'의 관계에서는 상대가 있는 그대로 받아들여지고 존중받는다. 너는 나와 동등한 존재로서의 가치를 가지며, 그 존재 자체로써 만남의 의미를 만들어낸다. 부버에게 참된 인간관계란 언제나 '너'를 만나려는 진실된 태도에서 비롯된다.

결혼을 단순히 경제적 이해관계, 즉 이익과 손해의 동업 관계로만 바라볼 때, 그것은 전형적인 '나-그것'의 관계가 된다. 배우자는 조건과 점수로 평가받는 대상으로 전락하고, 결혼은 목적을 위한 수단으로

축소된다. 결혼의 본질은 두 사람이 서로를 온전히 인격적인 존재, 즉 '너'로 바라볼 때 비로소 드러난다. 결혼 생활을 공동체로 유지하기 위해서는 경제적 조건을 넘어, 상대방의 존재와 헌신 그 자체를 인정하고 존중하는 태도가 필요하다. 이때 두 사람은 서로를 '너'로서 바라보며 진정한 의미의 관계를 맺게 된다. 조건과 이익만으로 결혼을 바라보면 상대방은 언제든지 교체 가능한 '그것'으로 남게 된다. 하지만 배우자를 단 하나뿐인 인격적 존재로 대할 때, 결혼은 비로소 진정한 공동체이자 성장을 위한 토대가 될 수 있다.

결혼이 문제가 되는 시대

2장

시작만 로맨스

 은은한 조명이 드리워진 레스토랑에서, 값비싼 반지와 함께 상대가 내민 프러포즈를 승낙하는 순간 우리는 달콤한 사랑이 완성된 듯한 환상에 빠진다. 그러나 현실로 돌아온 두 사람 앞에는 곧바로 선택이라는 험난한 길이 펼쳐진다. 결혼식장, 혼수, 신혼집, 여행지부터 드레스와 메이크업까지 결정할 사항은 끝도 없이 밀려든다. 평생 한 번 있을 이 순간을 완벽하게 만들고 싶은 욕심은 점점 두 사람 사이에 갈등을 불러일으키고, 결국 크고 작은 말다툼으로 이어지기도 한다. 나 역시 이혼 변호사로서, 결혼 준비 과정에서 서로에게 실망해 결국 파혼까지 이르는 커플들을 수없이 목격했다. 내가 직접 상담을 맡았던 커플만 해도 연간 수십 쌍을 훌쩍 넘는다.

결혼 준비가 상대의 진짜 가치관과 습관, 그리고 소통 방식을 비로소 마주하게 된다. 결국 결혼 준비가 갈등의 시작이라고 볼 수 있다. 결혼 준비는 결혼 생활 예행연습 같은 것이다. 예컨대 한쪽은 집에 TV를 꼭 들여야 한다고 하고, 다른 쪽은 부부간 대화가 더 중요하다며 반대한다. 한쪽은 성대한 결혼식을 꿈꾸고, 다른 한쪽은 허례허식이라며 혼인 신고만 하자고 주장한다. 여기에 양가 부모님들의 의견까지 더해지면 갈등의 규모는 걷잡을 수 없이 커진다. 갈등의 본질은 사소한 결정이 아니라 서로의 존재 방식과 가치가 충돌하는 지점에 있다. 단지 의견이 달라서 다투는 것이 아니라, 문제와 삶의 방향을 풀어나가는 방식이 맞지 않아 점점 다투는 것이다.

갈등은 결혼식 이후에도 끊임없이 계속된다. 막상 신혼집에서 함께 생활하기 시작하면 예상치 못했던 작은 차이들이 폭포수처럼 쏟아진다. 컵을 놓는 위치, 이불 커버의 색깔, 쓰레기 분리 방법 등 사소한 문제들이 쌓여 매일의 갈등을 만들어낸다. 사랑의 감정만으로는 더 이상 충분하지 않고, 이제부터는 서로가 어떻게 갈등을 풀어가는지, 서로의 불편한 습관을 얼마나 받아들일 수 있는지가 관계의 질을 결정한다. 연애 시절에는 잘 드러나지 않았던 상대의 내면과 태도가 결혼 후에는 적나라하게 모습을 드러내기 때문이다.

이혼 법정에서 마주치는 부부들이 입을 모아 하는 말이 있다. "연애 때는 싸울 일이 없었는데 결혼 준비 때부터 시작된 갈등이 지금까지도 반복된다."는 것이다. 부부 갈등을 다루는 방식을 서로 배워보지 못했기 때문이다. 신혼 초기에 찾아오는 문제들을 어떻게 다루느냐가 결혼 생활의 성패를 좌우한다. 상대가 화를 낼 때 무조건 피하거나 맞서는 대신, "왜 이것이 당신에게 중요한지" 물어보는 태도가 필요하다. 두 사람이 한 팀이라는 사실을 잊지 않고, 누가 옳고 그른지를 따지기보다 함께 만족할 수 있는 방법을 모색해야 한다. 신혼부부는 신혼여행 후 신혼집에 입성하는 순간 집안일을 어떻게 분담할지 결정하는 단계에 진입한다. 가사을 누가 더 많이 분담하느냐로 인해 갈등을 겪다가 이혼까지 결심한다. 가사 분담에 대한 이야기를 하는 것이 부부갈등을 조율하는 시험장이라고 진지하게 받아들이는 부부는 지혜롭게 해결할 수 있다. 하지만 이혼까지 간 부부의 경우 서로에 대한 서운함이 쌓여 결국 성격차이로 결론짓는다.

한 부부는 집안 청소를 요일로 정해 잘 지켜왔다. 아내가 임신과 출산을 겪게 되자 분열이 일어났다. 아내는 몸이 무거우니 청소일을 역할 분담이 재조정되어야 한다고 이야기 했으나, 남편도 아이 출산 전 돈을 많이 벌어야 한다는 생각에 초과근무를 신청해서 회사일로 매일 야근을 하느라 심신이 지쳐있었다. 서로가 얼마나 힘들지를 이야기하다가 결국 가정법원 이혼조정실까지 오게 되었다. 작은 문제이지만 부부간 갈등을 조율하지 않는다면 결국 이혼까지 이어진다.

결혼 준비 과정은 두 사람이 얼마나 건강한 공동체를 만들 준비가 되었는지 미리 시험하는 예비 시험장일지도 모른다. 그러나 많은 이들은 이 시험을 가볍게 보고 쉽게 넘긴다. "결혼만 하면 다 괜찮아질 거야."라는 안일한 생각은 결혼이라는 공동체의 진짜 의미를 놓치게 만든다. 결혼은 서로에게 끊임없이 책임과 희생을 요구하는 긴 여행이다. 어떤 이들은 좀 더 순화해 사랑을 위시한 관용이라고 말한다. 희생은 너무 거창하게 들리기 때문이다. 나는 자기 제한이라고 말하겠다. 그만큼 결혼식은 로맨틱한 종착역이 아니라 함께 살아갈 삶을 만들어가는 출발선이다.

관용이고 희생이고 결국은 모두 자기 제한을 근거로 둔다. 나의 하고 싶은 일을 사랑하는 타인을 위해 기꺼이 제한하는 일이다. 기독교에는 신이 인간을 사랑한 나머지, 인간이 지은 죄를 신이 대신 갚는다. 대신 벌을 받는다는 뜻이다. 신이 정한 규칙을 어떻게 할 수는 없고, 그렇다고 인간을 사랑하지 않는 것은 아니라서, 사랑을 위해 자신을 제한한다. 결혼도 비슷하다. 사랑하는 '당신'을 위한 자기 제한. '내가 왜 희생해?' 혹은 '결혼하면 희생해야 할 것이 너무 많아요.'라는 말은 너무 메마르고 비참한 문장이다.

법률적으로 바라본 결혼은 분명 계약이고, 책임과 권리를 명확하게 규정하는 관계다. 그러나 이혼 변호사의 시각에서 봤을 때, 결혼 생활의 지속 가능성을 결정짓는 핵심은 법적인 계약이 아니라 두 사람이 서로의 차이를 어떻게 조정하고, 갈등을 어떻게 풀어가느냐에 있다. 함께 살아가는 시간은 필연적으로 갈등을 만들지만, 그것을 슬기롭게 풀어가는 경험이 축적될수록 결혼이라는 관계는 더욱 튼튼해진다.

만약 갈등을 해결하지 않고 피하거나 방치하면, 그 사소한 균열은 점점 커져 결국 이혼의 문턱까지 가게 만든다. 결혼 준비 과정에서 생긴 작은 갈등을 가볍게 여기지 말아야 하는 이유도 여기에 있다. 갈등을 다루는 방식이 결혼 생활 전체의 흐름을 결정짓는다. 이 과정에서 서로의 방식과 가치관을 존중하고 받아들이는 법을 배운다면, 결혼 생활은 더욱 단단해진다.

결혼 생활이 정말로 회복할 수 없는 상처와 균열로 가득 차 있다면, 이혼 역시 결코 잘못된 선택이 아니다. 더이상 자기 제한으로 남을 위할 수 없을 때 이혼은 최소한의 인격적 존엄을 위한 뱅패가 되어 준다. 하지만 중요한 것은 갈등을 마주하는 용기와 그것을 풀어나가는 지혜를 키우는 일이다. 갈등을 해결해가는 과정에서 두 사람이 함께 성장하고, 서로를 이해하며, 신뢰를 쌓아갈 수 있다면 그 결혼은 비로소 로맨틱한 시작보다 더욱 의미 있는 현실의 동행이 될 것이다.

결혼과 동거는 엄연히 다르다

 얼핏 보기에는 동거하는 커플인지 법적으로 혼인한 부부인지 구분하기 어렵다. 같은 공간에서 일상을 나누고 서로의 존재를 삶의 중심에 놓았다는 점에서는 크게 다르지 않다. 하지만 이혼 소송 현장에서 수많은 부부의 이야기를 마주하는 나의 눈에는, 결혼과 동거는 결코 같지 않은 두 세계다. 두 관계는 처음에는 같은 선상에서 출발한 듯 보이지만, 결정적인 순간 법적 제도와 사회적 인식이라는 두 갈래 길 위에 서게 된다.
 결혼과 동거를 가르는 가장 뚜렷한 경계선은 바로 결혼식이다. 많은

사람들이 이제는 결혼식을 허례허식으로 치부하며 가볍게 넘기지만, 법률가인 나에게 결혼식은 의외로 중요한 의례다. 결혼식이란 단지 화려한 드레스와 사진 촬영의 무대가 아니라, 두 사람이 주변 사람들 앞에서 "우리는 앞으로 한 가족입니다."라고 선언하는 자리다. 이 의례를 통해 두 사람의 관계는 비로소 개인적인 영역에서 공적인 영역으로 나아간다. 결혼식을 치른 부부는 양가 가족과 지인들이 법적, 사회적 책임을 함께 인식하게 되고, 크고 작은 문제 앞에서 두 사람을 지원할 준비를 하게 된다. 이 작은 차이가 커다란 안전망을 형성하는 것이다. 실제로 법적으로 사실혼인지를 판단하는 가장 큰 요인은 공적인 영역에서 선언하는 것이다.

현대인들은 동거가 결혼과 달리 서로를 구속하지 않는 자유로운 관계라고 믿으며 그것이야말로 진정한 사랑의 형태라고 여기는 경향이 있다. 이런 관점은 상당히 위험한데 동거 관계가 근본적으로 '책임 없음'을 전제로 하고 있기 때문이다. 최근 들어 사회적 선언 없이 함께 사는 것만으로 떳떳하다고 생각하는 커플이 늘고 있다. 개인의 선택은 존중하지만, 이혼 변호사 입장에서 느끼는 엄연히 경험하는 책임의 무게는 다르다. 서로 완벽히 로맨틱한 분위기가 형성됐을 때만 관계를 유지하겠다고 생각하면 두 사람 간의 친밀함은 오히려 줄어들 수밖에 없다. 특히나 로맨틱한 분위기가 사그라들면 서로를 떠나는 경우를 자주 본다. 이럴 때 남은 것은 경제적 분할에 대한 앙상한 분쟁뿐인데,

그마저 사회적 선언이 없다면 보장받기 어렵다. 감정이 식었다며 상대방의 성적 관심이 점점 식어가고, 그로 인해 관계 전체가 소원해지는 악순환이 시작된다. 동거를 지속하기 위해 서로에게 의무나 책임을 지우지 않으려고 애쓸수록, 아이러니하게도 그 관계는 더욱 약해지고 허약해진다.

부모님과의 관계 설정 또한 동거와 결혼의 차이를 더욱 명확하게 보여준다. 한국 사회에서는 결혼이 두 개인의 결합을 넘어 두 가족의 연합이라는 인식이 아직도 강하게 남아있다. 예전에는 큰아들이 시부모님을 모시거나, 처가와 함께 사는 데릴사위 제도까지 있었다. 지금은 이러한 형태가 줄어들었지만, 결혼이 여전히 양가 부모님과 깊이 연결되는 관계임은 변하지 않았다. 낚시를 취미로 가진 장인과 사위는 새로 얻은 제2의 아들이라는 유머까지 있다. 혼인신고와 동시에 부모님 호칭이 바뀌고, 명절과 생일 등 가족 행사에서 양가 부모님과 서로를 챙기는 것이 당연한 일이 된다. 동거 커플은 아무리 오랜 시간을 함께 해도 상대방 부모와의 관계에서 여전히 외부인으로 남을 수밖에 없다.

동거의 가장 큰 약점은 바로 법적인 보호망의 부재다. 두 사람이 아무리 깊은 애정으로 함께 살았더라도, 법적 혼인이 아니라면 헤어질 때 법률적으로 보호받기 어렵다. 현실적으로 보면 재산 분할이나 아이의 양육권과 친권, 부모님의 간병이나 상속 문제에서 동거인 사이에는 법적 책임과 권리가 거의 인정되지 않는다. 실제로 오랜 시간 동거하다 헤어진 커플들이 겪는 법적 혼란은 예상보다 훨씬 크고 복잡하다.

실제 결혼식을 올리지 않고 동거를 하는 커플들을 재혼 커플 중에서 많이 볼 수 있다. 마음이 맞는 사람이 생겼고, 함께 살 결심까지는 갔으나 재산을 합치는 건 부담스러워한다. 내 재산을 상대방과 공유하면서 쓰는 건 얼마든지 괜찮지만 갑작스럽게 죽거나 헤어지게 되는 경우에 재산은 자녀가 아닌 동거인에게 나누어 줘야 하는 일은 고민을 할 수밖에 없다. 살림을 합치고 서로 커플로 부부 동반 모임 등에는 나가지만, 혼인신고는 하지 않고, 각자의 가족 행사에 공식적인 배우자로 소개하지는 않는다. 그러다가 관계가 틀어지면 문제가 생긴다. 동거 기간에 상대방 재산이 불어난 데에 자신의 노력이 있었다고 주장하고 싶으나, 사실혼 관계로 인정받기 어려운 상황에서는 재산분할 청구가 아예 불가능하다.

의뢰인은 3년을 함께 살며 모든 소득을 상대방과 공유했다. 상대방의 외도로 결국 관계가 파탄이 나자 상담을 받으러 오셨다. 개인적인 사정으로 혼인신고는 하지 않았지만 남은 세월을 함께 의지하며 살기로 약속한 상대였다. 정식으로 결혼만 안 했을 뿐 모든 소득은 동거인에게 이체해 줬고, 동거인의 재산 관리도 의뢰인이 도맡아서 했다. 동거인이 평생 어렵게 살았던 터라 조금은 편해졌으면 하는 마음에 상대방 재산으로 토지 하나를 싸게 살 수 있게 백방으로 알아봤고, 의뢰인의 특기인 건축 기술을 살려 건물도 올렸다. 동거인은 건물 임대 수

입을 받으며 점차 경제적으로 안정되었는데, 건물 관리를 하면서 알게된 남성이랑 바람이 났다. 의뢰인이 동거인의 외도를 알게되어 화를 냈다. 처음 외도가 발각된 날엔 "미안하다. 잘못했다."고 한 동거인이 어디서 법률상담을 받아왔는지 이내 미안한 기색 없이 집에서 나가라며 통보했다. 의뢰인은 동거인에게 모든 것을 쏟아부으며 사랑했지만 법으로는 보호받지 못했다. 단순 동거인이기 때문에 상간남을 상대로 위자료 청구도 하지 못하고, 동거인을 상대로 사실혼 해소에 따른 재산분할 청구나 위자료 청구를 할 수도 없었다. 의뢰인은 그렇게 쓸쓸하게 이혼이 아닌 이별을 맞이했다.

'우리 관계는 결혼이나 다름없다.'고 믿었지만, 법의 테두리 밖에서 이별을 맞으면 단지 오랜 시간 함께한 낯선 두 사람에 불과할 뿐이다.

20대 성인들과 대화해보면 동거가 일종의 '예방책(prophylaxis)'으로 자리 잡았다는 사실을 쉽게 알 수 있다. 이들은 결혼 전 미리 함께 살아보는 것이 이혼을 피하기 위한 좋은 방법이라고 믿는다. 실제로 약 2/3의 젊은이들이 결혼 전 동거가 이혼 예방에 도움이 된다고 응답했다.

하지만 현실은 그 믿음과는 달랐다. 1960년대부터 연구를 진행해 온 결과에 따르면, 결혼 전 동거를 경험한 커플은 결혼 후의 삶에서 만족도가 더 낮고 이혼 가능성 또한 상대적으로 더 높았다. 이를 연구자들은 '동거 효과(cohabitation effect)'라고 부른다.

특히 약혼이나 명확한 약속 없이 동거를 먼저 시작한 커플들에게서 이러한 부정적 효과가 더욱 뚜렷하게 나타난다. 이들은 서로에 대한 헌신이나 장기적 계획을 명확하게 세우지 않은 채 생활을 공유하기 시작했기 때문에 이후 관계의 만족도가 떨어질 가능성이 커지는 것이다.

대부분의 동거 커플은 결혼의 무게나 책임보다는 편리함과 효율성을 먼저 고려하며 동거를 결정하는 경우가 많다. 그런데 이러한 효율성 중심의 관계가 나중에는 오히려 관계의 질을 떨어뜨리는 요인이 되기도 한다. 결혼은 단지 생활의 효율성을 높이는 수단 이상이기 때문이다.

Meg Jay, 《The Downside of Cohabiting Before Marriage》

미국에서는 지난 50년 동안 결혼 전에 동거를 경험하는 커플의 수가 1,500% 이상 급증했다고 한다. 한 연구에 따르면, 약 3분의 2의 사람들이 결혼 전 동거를 통해 상대를 미리 파악해 이혼의 가능성을 낮출 수 있다고 믿었다. 하지만 실제 통계를 보면, 결혼 전 동거가 결혼 생활의 만족도를 떨어뜨리고 이혼 가능성은 오히려 높인다는 역설적 결과가 드러났다. 결국 "미리 살아보는 것"이 오히려 "끝을 앞당기는 것"일 수 있다는 불편한 현실을 보여준다. 동거는 결혼을 위한 예행연습이 아니라, 결혼의 의미를 흐리게 만드는 또 다른 리허설인지도 모른다.

동거는 물론 편리하다. 서로의 개인적인 자유를 더 많이 보장해 주고 부담감을 덜 수 있다. 하지만 법정에서 수없이 이혼 사건을 경험한 나의 시각에서 보면, 결혼이라는 제도의 힘은 편리함 이상의 가치를 지닌다. 부부 사이에 갈등이 생겼을 때 "우리는 법적으로나 사회적으로 가족이다"라는 명확한 인식이 작동해 문제를 해결하거나 관계를 지탱하는 중요한 역할을 한다.

독일 철학자 헤겔은 결혼을 '개인적 감정에서 출발해 공적인 삶으로 나아가는 과정'으로 설명했다. 즉 결혼은 단지 두 개인의 애정 표현이 아니라, 사회적·법적 영역에서 두 사람이 공동체로 인정받는 과정이다. 결혼을 통해 두 사람은 서로를 넘어 가족과 사회 안에서 새로운 정체성을 부여받게 된다. 이 점에서 결혼식과 부모님 호칭 변경, 법적 절차 등은 단순히 형식적인 의례가 아니라 사회적 존재로서 인정받기 위한 필수적인 단계로 보아야 한다.

결국 동거와 결혼은 외적으로 비슷해 보이지만 그 본질은 크게 다르다. 동거가 개인적이고 사적인 영역에 머무른다면, 결혼은 공적인 인정과 책임, 사회적 보호를 함께 수반하는 관계다. 각자 선택할 자유는 있지만, 관계가 진지하게 지속되기를 바란다면 결혼이 지닌 무게와 법적 보호, 그리고 사회적 책임의 중요성을 간과하지 말아야 한다.

이혼율의 사회 현상

2003년 대한민국은 이혼 건수가 16만 6천 건으로 절정에 달했다. IMF 위기 직후, 경제적 격변이 한 사회를 뒤흔들었을 때 개개인의 삶은 사소하게 쪼개지며 흔들렸다. 이혼이라는 개인의 선택이 사회적 현상으로 드러났다는 의미다. 그 후 2022년에는 조이혼율(인구 1천 명당 이혼 건수)이 9만 3천 건으로 절반 가까이 줄었다고 하지만, 여전히 결혼과 이혼은 단순한 개인의 사생활을 넘어 사회학적으로도 중요한 의미를 갖는다. 경제 위기가 단순히 금전적 궁핍을 의미하는 것이 아니라 가정 내 역할 구도, 성 역할의 재배치, 책임의 재조정을 야기했기 때문이다.

 전통적으로 남성 가장이 돈을 벌고 여성이 가정을 돌보는 구조는 IMF 이후 더 이상 유지되지 못했다. 남편의 실직으로 가정의 경제적 중심이 붕괴되자, 많은 여성들이 경제활동의 주체로 부상했다. 부부가 함께 경제를 책임지며 전통적인 역할 분담이 급격히 재편되는 과정에서 부부간의 긴장과 갈등이 증폭된 것은 자연스러운 현상이었다. 게다가 여성들의 학력 향상과 경제 참여의 증가로 인해, 기존의 결혼이 지니던 '참아야 한다.'는 인식은 '참지 않아도 된다.'는 의식으로 빠르게 변화했다. 결혼을 반드시 유지할 필요가 없다는 생각이 널리 퍼지면서 개인은 더 적극적으로 자신들의 선택을 행사하게 되었다.

 표면적 분석만으로 결혼과 이혼의 복잡성을 완전히 설명할 수는 없다. 철학적 관점을 더하면 문제의 핵심이 좀 더 선명해진다. 실존주의 철학자 사르트르는 인간 존재의 본질을 '자유'와 '책임'이라는 두 축으로 정의한다. 그는 "인간은 자유라는 형벌을 선고받았다. 우리는 선택하지 않을 자유가 없다"는 유명한 명제를 남겼다. 사르트르가 말한 '자유'란 단지 무엇을 할지 결정하는 단순한 권리가 아니다. 선택에 따르는 책임까지 의미한다. 결혼 역시 마찬가지다. 결혼은 두 사람이 서로를 선택하는 지점에서 끝나는 것이 아니라 끊임없이 그 선택을 재확인하고, 그 결과를 받아들이고, 책임을 지속적으로 수행해 나가는 과정이다.

팀 켈러의 주장과도 결이 닿아 있다. 팀 켈러는 결혼을 단순히 사랑의 완성이 아니라 '완성을 향한 사회적 선언이자 끊임없는 노력이자 책임'이라고 설명한다. 여기서 사르트르와 팀 켈러의 관점은 만나게 된다. 결혼이란 완성된 형태의 안정적 상태가 아니라, 선택을 통해 계속해서 책임을 지고 사랑을 완성해 나가는 과정이다. 이렇게 볼 때, IMF 위기 이후의 이혼율 급증은 단순히 부정적인 사회 현상이 아니라, 자신의 삶과 관계를 주체적으로 선택하고 책임지기 시작한 사람들의 적극적인 움직임으로도 이해할 수 있다.

여기에 법과 제도의 변화가 개입한 것도 의미가 있다. IMF 이후 급증하는 이혼을 처리하기 위해 정부는 가정법원을 추가 설치하고 절차를 단순화하여 이혼 과정에서의 개인의 선택을 돕기 시작했다. 2008년부터는 이혼숙려기간 제도를 도입하여 결혼을 해소하는 선택조차 책임을 요구하는 방식으로 변화시켰다. 이혼 역시 즉흥적 결정이 아니라 숙고와 책임이 필요한 행위임을 법률적으로 명문화한 것이다.

최근에는 그 경향이 더 짙어져 결혼에서 자유라는 가치가 가장 중요해졌다. 자유는 오늘날 현대인에게 최고의 가치로 떠올랐다. 무엇이든 선택할 수 있다는 생각은 해방감을 주지만, 바로 여기에 함정이 있다. 선택이 많아질수록 우리는 역설적으로 더 큰 불안과 부담을 떠안게 되기 때문이다. 배리 슈워츠는 그의 책 《선택의 역설》에서 자유로운 선택의 폭이 넓어질수록 오히려 사람들은 만족감을 느끼기보다 끊임없는 불안과 후회를 경험한다고 지적한다. 슈워츠에 따르면, 선택지가 많을수록 사람들은 완벽한 결정을 내리려는 강박에 사로잡혀, 결정 이후에도 끊임없이 "다른 선택이 더 좋았을지도 모른다"는 의심과 불안 속에서 살게 된다.

간혹 서로 "다시 태어나도 나랑 결혼할 거야?" 라는 질문을 한다. 물론 우스꽝스럽게 넘길 질문이지만, 그 질문은 은밀하게 다른 선택에 관한 가능성과 여기서 실망하고 싶지 않은 배우자의 내면을 내포하고 있다. 숱한 갈등을 뒤로하고도 같이 가정을 꾸리겠냐는 질문이기 때문이다. 과거에는 결혼 생활에 문제가 발생하면 갈등을 해결하고 관계를 회복하는 것 외에 선택지가 많지 않았다. 하지만 지금은 개인이 가진 자유의 폭이 너무 넓어져서, 오히려 부부 사이에 갈등이 생길 때 관계를 회복하기보다 '이혼'이라는 선택지가 훨씬 더 매력적으로 느껴질 수도 있다. 결혼 관계가 조금만 불편하거나 기대에 미치지 못하면, 사람들은 이 관계가 '틀렸다'고 빠르게 판단하고 더 나은 대안을 찾아 나서기 쉽다. 이러한 자유의 확대는 관계의 깊이를 약화시키고, 장기적이고 성숙한 헌신 대신 즉각적이고 일회적인 만족을 추구하게 만든다.

결혼은 궁극적으로 자유보다는 자기 제한을 요구한다. 오히려 스스로의 삶을 더 큰 사랑과 공동체의 틀 안에서 바라볼 때 자연스럽게 나타나는 성숙한 자유의 한 형태다.

"서로가 가진 무한한 선택지로부터 기꺼이 상대방을 선택하고, 그 선택을 유지하기 위해 자신의 자유를 제한하는 것"

팀 켈러 《팀 켈러, 결혼을 말하다.》

　자유롭게 원하는 대로 살 권리를 포기하고 상대방을 사랑하기 위해 자신의 욕구를 기꺼이 억제하는 것이 결혼의 본질이라는 것이다.

　결혼에서 자기 제한은 상대방을 향한 헌신이자 배려다. 내가 원하는 대로만 살아가려 하면 상대방과의 관계는 필연적으로 충돌할 수밖에 없다. 사랑하는 상대가 있기에 자신이 가진 수많은 가능성과 선택을 줄이고, 상대의 행복과 안녕을 중심으로 삶을 재구성할 때에만 결혼 생활은 비로소 깊이 있는 관계로 성장할 수 있다. 다시 말해, 결혼은 자발적으로 나의 삶에 한계를 두고 상대방을 위한 책임을 떠안는 행위다. 이것이야말로 자유라는 이름으로 끝없이 더 나은 조건을 찾는 현대적 결혼관이 갖지 못한 진정한 사랑의 모습이다.

　자기 제한의 중요성을 이해하지 못하면, 결혼 생활은 지속적으로 긴장과 갈등의 연속일 수밖에 없다. 관계의 중심에 자신의 자유와 권리만을 놓는다면 결혼 생활은 사랑이 아닌 계약적 동거에 그치고 만다.

김삼순이 결혼하지 못하는 이유

　2005년 여름, 서울의 푹푹 찌는 무더위를 피해 들어간 작은 카페에서 투박한 브라운관 TV 화면에 '내 이름은 김삼순'의 서른 살 김삼순이 나왔다. 화려한 드레스를 입고 등장할 줄 알았던 여주인공은, 붉게 상기된 얼굴로 퉁퉁 부은 눈을 비비며 소개팅 자리에 앉아 있었다. 그녀는 노처녀였다. 마치 서른 살의 운명을 그대로 온몸에 새긴 것처럼 초조하고 절박했다. 부모와 친척들의 걱정스러운 눈빛, 결혼을 앞둔 친구들의 자랑 섞인 위로는 그녀를 더욱 압박했다.

스무 해가 흐른 지금, 김삼순의 서른이라는 나이를 '노처녀'로 받아들이는 사람은 많지 않을듯하다. 오히려 오늘날의 서른은 사회 진출 후 이제 막 경제적으로나 정신적으로 안정을 찾아가는 나이니까. 실제 통계를 보더라도 2022년, 한국 여성의 초혼 연령은 31.1세, 남성은 33.7세에 달한다(통계청, 2022년 혼인·이혼 통계). 김삼순 시대의 서른과 지금의 서른은 전혀 다른 사회적 맥락을 가진 숫자가 된 셈이다.

나에게 상담오는 여성들은 여전히 서른 후반을 넘어서며 결혼 시장에서 '상품 가치'가 떨어졌다는 이야기를 듣기도 하고, 이혼 후 재혼을 꿈꾸는 이들에게는 나이 문제가 현실적인 장벽으로 등장한다. 소개팅 자리에서 "이 나이에 아직 결혼 안 하셨어요?"라는 무례한 말을 들었다며 울분을 토하는 의뢰인도 있었다. 숫자는 사람의 인생을 평가하는 기준으로 여전히 견고하게 자리 잡고 있다.

하지만 현실에서 결혼 생활의 성패를 결정짓는 것은 결코 나이가 아니다. 이혼을 앞둔 수많은 부부들을 상담하면서 깨닫는 것은, 관계를 지속시키거나 파탄내는 결정적 요소는 나이가 아니라 소통 방식, 삶의 태도, 경제적 갈등을 해결하는 능력 같은 복합적이고 내밀한 부분이라는 사실이다. 실제로 서울가정법원이 2020년 발표한 가사 사건 통계를 살펴보면, 이혼 사유 중 가장 높은 비율(49.8%)을 차지하는 것은 '성격 차이'이다. 나이는 아예 언급조차 되지 않는다. 여성들의 학력과 사회적 지위 상승은 이 변화를 더욱 가속화시켰다. 2023년 한국 여성의 대학 진학률은 75%를 넘어섰으며, 여성 경제활동 참여율은 54%에 이르렀다(교육부,

2023년 교육통계연보 ; 통계청, 2023 경제활동인구조사). 여성들이 결혼과 출산을 필수가 아니라 선택으로 보는 관점은 당연한 흐름이다.

시대적 변화 앞에서, 김삼순의 이야기는 더 이상 보편적이지 않다. 그러나 우리가 진정 숫자의 굴레로부터 자유로워졌느냐? 아니다. 표면적으로는 나이의 굴레가 약화된 듯 보이지만, 여전히 개인의 삶에 깊이 내재된 불안과 부담은 완전히 해소되지 않고 있다. 결혼을 결심할 때, 혹은 이혼을 고민할 때도 사람들은 무의식적으로 나이를 떠올리며 그 숫자와 씨름한다. 한편으로는 "서른다섯이면 너무 늦지 않았나?"라는 불안을 느끼면서도, 다른 한편으론 "내가 정말 원하는 삶은 이것인가?"라는 근본적인 물음을 던지며 갈등하는 이중적 현실에 놓여있다.

결혼 권하는 사회

　세상일에 무심한 사람이라도 한국의 혼인율이 사상 최저치라는 뉴스는 한 번쯤 들어보았을 것이다. 결혼은커녕 연애조차 하지 않는 청년들의 삶을 반영하듯, "결혼은 선택, 연애는 필수"라는 유행가 가사도 이제 옛말이 되어버렸다. 결혼과 연애 모두가 선택이 된 세상이다. 정치권과 지방자치단체는 결혼축하금을 뿌리고 각종 결혼장려 캠페인을 벌이고 있다. 그러나 청년들의 반응은 싸늘하다. 예전 같으면 늦더라도 언젠가는 해야 할 '숙제'처럼 여겨졌던 결혼이, 이제는 '하지 않아도 별문제 없다.'는 인식으로 바뀌었기 때문이다. 물론 청년들이 결혼 자체를 완전히 부정하는 건 아니다. 그들은 그저 더 날카롭게 묻고 있을 뿐이다. "도대체 결혼을 왜 꼭 해야 하지?" 이 질문 앞에 청년들은 고민하고 있다.

《결혼과 사회적 변화 (웨인 E. 오츠)》는 이런 현상을 '결혼의 실용적 가치 저하'라고 분석한다. 결혼을 통해 얻을 수 있는 명확한 사회적·경제적 이익이 불분명한 시대에서, 청년들이 결혼을 망설이는 건 자연스러운 현상이라는 것이다. 주거 비용은 급증하고 육아와 가사 부담이 증가하는 현실에서, 결혼이 개인의 자유와 자기실현을 제약하는 족쇄로 인식되는 것도 무리가 아니다.

한국 사회에서 결혼을 주저하는 이유 중 하나로 꼽히는 여성의 경제 활동 증가 역시 이와 연결된다. 여성의 경제적 자립이 높아질수록 결혼의 필요성은 낮아지고, 스스로를 위한 투자와 자기계발이 우선순위로 자리 잡게 된다.

"여성들이 더 이상 결혼을 삶의 필수조건이 아니라 선택적 요소로 보는 인식 변화가 확산되고 있다."

신광영, 《저출산과 결혼관 변화》

신광영 교수는 오늘날 결혼이 변화하는 가장 큰 원인으로 여성의 사회적 지위와 교육 수준 상승을 꼽는다. 여성의 고등교육 이수율이 높아지고 경제활동 참여가 활발해지면서, 결혼을 여성의 당연한 의무나 통과의례로 여기던 전통적 인식이 흔들리게 된 것이다. 그는 또 여성들이 교육과 직업을 통해 사회적 지위를 확보하면서 기존의 모성과 가족에 대한 인식이 바뀌었다고 강조한다. 사회적 이동과 함께 나타난 젠더 역할의 재정립은 자아와 주체성을 중시하는 흐름으로 이어졌고, 그 결과 결혼이 더는 필수적인 생애 과업이 아닌 선택의 문제로 전환되었다. 신광영 교수는 또한 신자유주의적 개인주의와 자유주의 문화의 확산으로 인해 개인이 경쟁과 자율성을 더 중시하게 되었다고 지적한다. 결혼은 자연스럽게 우선순위에서 밀려나고 개인의 성취와 자유가 중심이 되었다는 것이다.

국가나 정치권이 결혼을 강조하는 이유도 분명하다. 혼인율 하락이 출산율 감소로 이어지고, 인구구조의 불균형으로 국가 경제와 복지 시스템에 위협이 되기 때문이다. 문제는 국가가 청년들의 삶의 현실을 충분히 고려하지 않고 결혼 자체만을 촉구한다는 데 있다. 단발성 결혼장려금이나 출산 장려금 같은 정책으로는 이미 결혼의 현실적 부담을 절감하고 있는 청년들의 마음을 돌릴 수 없다. "결혼하면 정말 삶이 나아질까?"라는 청년들의 냉정한 질문에, 국가의 제도는 여전히 피상적인 해답만 내놓고 있는 것이다.

결혼은 단순히 로맨틱한 사랑이나 사회적 인정 이상의 의미가 있다. 공동체적 연대를 형성하는 장기적 헌신의 관계이다. 현실적 지원이 결여된 사회에서 청년들이 결혼을 꺼리는 이유는 단지 경제적 부담 때문만이 아니라, 이러한 자기 제한적 헌신이 과연 가치가 있는지 확신하지 못하기 때문이다.

  국가가 해야 할 일은 무작정 결혼을 권장하는 것이 아니라, 결혼을 통해 실질적으로 누릴 수 있는 행복과 이점을 분명하게 제시하고, 이를 뒷받침하는 현실적·제도적 환경을 만드는 것이다. 안정적인 주거, 신뢰할 수 있는 보육 시스템, 성평등한 가사분담 문화의 정착 등 구체적이고 실질적인 정책이 마련되어야만 청년들은 결혼을 단순한 부담이 아니라 삶을 함께 만들어가는 가치 있는 공동체로 받아들일 수 있을 것이다.

결혼은 이런 것이어야 한다.

3장

결혼에서 의무란

 2023년 초여름, 경기도의 한 아파트 거실에서 나는 텔레비전 소리를 들으며 지친 눈을 비비고 있었다. 식탁 위에는 아침에 먹고 난 그릇이 그대로 놓여 있었고, 아직 돌도 안 된 아이는 방금 잠이 든 참이었다. 결혼 8년 차, 둘째 아이가 생긴 지 1년이 채 지나지 않은 우리의 일상은 어린 두 자녀를 양육하느라 심신이 지쳐 점점 서로를 향한 날카로운 신경전으로 채워지고 있었다. 치약을 어디에서부터 짜는지의 문제로 싸우는 건 드라마 속 이야기라고 웃어 넘겼던 내가 이제는 사소한 생활 습관 하나하나가 화약고처럼 느껴지기 시작했다.

처음 남편을 만났던 8년 전 겨울을 떠올리면, 짧은 연애 끝에 결혼이라는 중대한 결정을 내린 이유는 오히려 간단했다. 믿음직했던 남편의 모습도 물론 있었지만, 결혼 전 양가 부모님과 함께한 첫 식사 자리에서 남편과 그의 부모님이 주고받던 대화 때문이었다. 그날 시아버지는 막 자리에 앉은 남편에게 이렇게 말했다.

"오늘은 길이 좀 막혔지? 다음부터는 이 길 말고, 강변북로를 타는 게 나을 거야."

음식점까지 온 길에서 불편함은 없었는지 다정하게 살피셨다. 성인인 아들에게 인생의 선배로서 조금 더 수월한 길을 나긋한 음성으로 알려주시는 일상적이고 배려 깊은 한마디에서 내가 꿈꾸던 따뜻한 가정의 이상적인 모습을 보았다. 시어머니도 처음 만난 나에게 다정하게 물었다. "우리 아들이 어디가 좋아서 결혼하려고 해요?" 그 질문은 예상했던 형식적 대화가 아닌, 진심 어린 걱정과 호기심이 담긴 소탈한 한마디였다. 나이가 많은 소위 '말 한마디 안 져줄 것 같은' 직업을 가진 예비 며느리를 마주하면서도 시어머니는 내 아들의 입장이 아닌, 예비 며느리 입장에서 결혼을 바라봐 주셨다. 아들이 잘 해주는지, 어떤 모습 때문에 결혼을 결심하게 했는지를 순수하게 궁금해하시며 수줍게 웃으시던 시어머님을 보니, 이 가정과 함께라면 평생 행복할 수 있을 거라는 막연하지만 확실한 믿음이 생겼다.

결혼 생활은 예상과는 다른 종류의 문제를 품고 있었다. 출산을 전

후로 나뉜 내 결혼 생활의 위기는 점점 더 분명해졌다. 아이가 태어나고 난 후 일상에서 예측하지 못한 갈등이 속속들이 나타났다. 첫째 아이까지는 남편과 내가 한 팀이 되어 가사를 잘 조율하며 굴러가고 있다는 생각에 자신감이 넘쳤다. 둘째 아이가 태어나니 혼돈 그 자체였다. 첫째 아이만 있을 때에는 부부가 서로 번갈아가며 밥을 먹을 수도 있고, 피곤하면 차례대로 낮잠을 잘 수도 있었지만, 아이가 두 명이 되니 역할분담이라는 말이 무색했다. 주말 외식을 나섰을 때 남편은 오랜만에 외식이니 두 자녀와 쾌적하게 식사할 수 있고, 맛도 좋은 음식점을 가고 싶었으나 정하지 못했다. 아무 데나 들어가 배를 채우는 내 성격과 달랐다. 그는 완벽한 한 끼로 먹고 싶어했다. 나는 아이들의 외출 준비물을 챙기느라 음식점을 미처 정하지 못했다. 그저 남편을 따라 나섰는데, 그날 따라 남편이 알아본 식당은 재료소진으로 일찍 마감을 했다. 더운 날씨에 지친 남편은 내가 자신과 함께 완벽한 조건의 식당을 알아보지 않았다며 볼멘 소리를 뱉었고, 나는 두 아이 외출 준비만으로도 정신이 없었다며 맞받아쳤다. 식당 문 앞에서 말다툼을 벌이며, 우리는 서로를 향해 던지는 말이 점점 가시처럼 날카로워지고 있다는 걸 느꼈다.

육아라는 문제는 결혼 전 상상할 수 없었던 난제였다. 아이가 태어난 이후 나는 일과 육아를 병행하느라 거의 매일을 녹초가 되어 지냈다. 변호사 업무와 육아를 마치고 쓰러지면 아침이었다. 하루가 어떻게 지나갔는지 기억조차 나지 않았다. 나는 남편으로부터 위로와 격려의 말을 받고 싶었으나 남편은 퇴근 후 소파에 앉아 스마트폰을 들여다보곤 했다. 직접 말을 하지 않아도 내 마음을 알아주었으면 하는 기대는 매번 무너졌고, 그럴 때마다 나는 끝없는 허탈감을 맛봐야 했다. 내가 아이들을 씻기고 있는 사이, 남편은 설거지와 분리수거 등을 마치고 쇼파에 앉아 스마트폰으로 매 주말 아이들과 함께 방문할 각종 목장, 공원 등을 검색했다. 매번 주말 일정을 고민하고 결정하는 것은 본인 뿐이라고 생각하면서 말이다. 내가 남편의 무뚝뚝함을 불만삼고 있던 때에 남편은 나의 무심함에 실망했다. 지금에 와서 보면 사소하며 쉽게 풀어질 오해였지만, 당시에는 서로에게 한 발자국을 더 내딛어 자신이 느끼는 감정 등을 전달할 힘조차 없었다. 사랑은 행동이 아닌 말로만 남고, 서로를 향한 배려는 어느새 피곤한 사치가 되어 있었다.

"타인은 지옥이다."

장 폴 사르트르

대학 시절 철학 수업에서 처음 들었을 때는 그저 멋진 문장이라고 생각했는데, 결혼 생활을 하니 살갗이 따가울 정도로 불쾌한 문장이었다. 함께 살아간다는 것은 서로 다른 가치관과 습관, 성격이 매일 부딪히는 과정이었다. 서로의 다름을 인정하는 일은 결혼 전 상상했던 것보다 훨씬 더 깊은 이해와 인내가 요구되었다. 나의 자유가 누군가의 삶과 섞인다는 것은, 그 자유가 제한될 수밖에 없다는 의미였다. 자유롭게 살아온 내가 상대의 자유를 수용하고 내 자유를 기꺼이 제한할 수 있을 때 비로소 '우리'라는 이름의 공동체가 유지될 수 있었다.

결혼의 공동체적 특성을 이해하게 된 것은 아이를 낳은 후부터였다. 서로의 부족한 부분을 지적하거나 상대를 탓하는 데서 결혼 생활의 해답을 찾으려 했던 우리에게 진정으로 필요한 것은, 서로가 더 나은 사람이 되도록 돕고 서로의 부족함을 받아들이는 태도였다. 사랑이라는 감정은 결혼을 유지하기 위한 동기일 수 있지만, 결혼의 본질은 결국 서로를 위해 자기 자신을 제한할 줄 아는 책임감에 있었다. 육아라는 현실 앞에서 나는 나의 자유로운 성격을 제한했고, 남편 역시 자신의 철저한 계획성을 조금씩 양보하기 시작했다.

결혼이 자기 제한을 통해 이뤄나가야할 사랑의 공동체라도 자기 제한이 온전히 향심이나 도덕에만 의존하는 것은 아니다. 법률적으로 결혼이란, 민법 제826조 제1항에서 규정하듯 부부가 서로 동거하며 부양하고 협조할 의무를 지는 관계다. 이 규정은 단순히 함께 살기만 하면 되는 의무가 아니라, 부부로서 서로의 생활을 안정시키고 유지할 책임을 의미한다. 일방이 생활비를 부담하지 않거나 육아와 가사노동을 전적으로 상대에게만 떠넘기는 경우, 명백히 법적 의무 위반으로 인정될 수도 있다는 뜻이다. 부부생활에서 자기 제한의 법적 토대를 확인할 수 있다.

실제로 판례는 일방 배우자가 고의적으로 경제적 책임을 회피하거나 육아와 가사 부담을 거부한 경우, '혼인을 계속할 수 없는 중대한 사유'로 판단해 이혼 사유로 인정하기도 했다. 부부가 서로 육아와 가사 부담을 분담하고, 생활비를 벌어 가계를 운영하는 일들은 민법상 부양의무로 법에서 정해진 의무이다. 결혼을 한 이후에는 본인의 꿈보다 책임이 먼저다. 가족의 부양을 책임지는, 육아와 가사 부담에 적극적인 노력을 기울여야 한다.

20여년의 혼인생활동안 가족을 부양하기 위한 노력을 하지 않고 본인의 배움과 귀농에 대한 꿈을 좇아 살면서 아내와의 상의없이 대학원에 진학을 하고 멀리 시골로 내려가 호박농사에만 매진한 남편이 있었다. 생활비를 지급한 적이 거의 없기에 아내는 이혼소송을 제기했다. 남편은 호박을 팔아 남은 금액에서 일부는 지급한 사실이 있다며 4장 짜리 예금거래내역서를 제출했다. 그러나, 피고(남편)가 당당하게 부양의무를 이행했다고 제출한 증거는 되려 20여년의 혼인생활동안 남편이 아내에게 이체한 생활비 기타 명목의 금원이 거의 없다는 사실에 대한 반증이었다. 피고는 마지막까지 혼인관계 중 장애가 되는 여러 다양한 사유에 대해 극복을 위한 부부 쌍방노력이 필요하다며 이혼을 원하지 않는다고 목소리를 높였다. 오랜 기간 한쪽의 노력과 희생으로만 유지되었던 혼인생활이었음을 피고만 모르는 실정이었다. 결국 재판부는 "피고(남편)가 원고(아내)에게 혼인생활을 지속하기에 충분한 생활비를 지급하였다거나 원고에 대한 부양의무를 이행한 것으로 보기 어렵다."는 이유로 아내의 손을 들어 이혼청구를 받아들였다. 결혼이 상호 자유의 제한과 타협을 요구하는 이유는 여기에 있다. 결혼은 서로의 인격을 존중하면서도 상호 의존과 협력의 책임을 전제로 한다. 내가 아이를 돌보며 하루 종일 고군분투하는 동안 남편이 육아와 가사에 대한 협력 의무를 방기했다면, 이는 단순히 감정적인 실망을 넘어 법률적 책임까지 물을 수 있는 문제라는 이야기다.

결혼의 자기 제한은 의무이자, 배우자를 향한 사랑의 증표이기도 하다. 단순하게 의무만도 아니고 사랑의 감정만도 아니다. 결혼은 감정의 결과이자, 도덕적 배려이며, 법적 의무이기도 한 복잡다단한 사회적 선언이다.

결혼에 대한 이상주의와 비관주의

"누가 봐도 결점이 뻔히 보였는데 그래도 결혼하면 나아질 줄 알았다." 결혼을 앞둔 사람들이 흔히 하는 착각 중 하나다. 많은 부부가 결혼 전의 이상주의와 결혼 후의 비관주의 사이에서 갈등하다 현실의 벽에 부딪친다. 무엇이 이러한 간극을 만들며, 우리는 이를 어떻게 극복할 수 있을까? 어떤 결혼이 진정한 결혼일까?

많은 이들이 결혼을 결정할 때 크든 작든 막연한 기대와 환상을 품는다. 연애 시절 보인 단점들도 결혼 후 함께 살면 사랑의 힘으로 자연히 개선될 것이라 낙관한다.

"저 사람이 이런 단점이 있긴 한데, 결혼해서 매일 붙어 살면 내가 바꿀 수 있겠지."

라는 생각으로 상대의 결함을 간과하는 경우가 흔하다. 결혼 선배들의 '시간이 약'이라는 조언도 자기 편의적으로 해석하여, 시간이 지나면 모든 문제가 해결될 거라는 근거 없는 확신을 더하곤 한다. 결혼 이상주의의 배경에는 다음과 같은 생각이 깔려있다.

- 사랑이면 충분하다: 깊은 사랑의 힘으로 상대방의 단점을 극복하거나 고칠 수 있다고 믿는다.
- 함께 살면 변할 것이다: 매일 얼굴을 맞대고 살다 보면 상대가 자연스럽게 더 좋은 방향으로 변화하리라 기대한다.
- 시간이 해결해 줄 것: 결혼 생활을 하다 보면 초기의 문제들이 곧 사라질 거라고 낙관한다.
- 지적하면 고쳐질 것이다: 상대의 나쁜 버릇이나 부족한 부분도 내가 결혼 후 몇 번 지적해주면 금방 개선될 것이라고 생각한다.

마법이 아니기에, 결혼했다고 해서 이전의 어려운 상황이 저절로 좋아지지 않으며 배우자가 그 문제들을 대신 해결해 줄 수도 없다. 오히려 각자가 결혼 전부터 지니고 있던 문제들이 부부 생활 속에서 합쳐질 경우, 특별한 노력을 하지 않으면 상황이 더 악화된다. 다시 말해,

결혼을 통해 나나 상대방의 결함이 자동으로 치유되리라 믿는 것은 위험한 환상이다.

현대 사회는 이러한 결혼 이상주의를 더욱 부추기는 경향이 있다. 미국의 기독교 사상가 팀 켈러는 현대인들이 과거 어느 때보다 결혼 상대에게 비현실적인 완벽함을 기대한다고 지적한다. 그는 "배우자가 나에게 큰 변화나 희생을 요구하지 않는, 문제 없고 '손이 거의 안 가는' 이상형만을 찾는 풍조"가 팽배하며, "역사상 이런 식으로 배우자를 찾는 사람들이 이렇게까지 이상주의적이었던 적은 없다."고 말한다.

이처럼 상대에게 완벽함을 바라는 마음 이면에는 사실 상대를 있는 그대로 받아들이기보다 나에게 맞춰주길 바라는 자기중심적 욕구가 숨겨져 있다. 내 요구만 일방적으로 충족해 줄 이상형을 꿈꾸는 일은 이기적인 환상일 뿐이다. 요컨대, "결혼만 하면 행복할 거야."라는 단순 낙관에는 상대에 대한 깊은 이해나 구체적 현실 인식이 결여되기 쉽고, 이는 결혼 후 큰 실망으로 돌아올 가능성을 내포하고 있다.

막상 결혼 생활을 시작하면, 이런 이상주의적 기대는 빠르게 빛을 잃고 현실의 벽에 부딪히게 된다. 연애 시절에는 사소하게 넘겼던 문제들이 결혼 후에는 생활 전반에 걸쳐 부각되며 갈등의 불씨가 된다. 가까이서 생활을 공유하다 보면 상대의 결점이 더 자주, 더 크게 드러난다.

결국 연애 때 한 귀로 흘려듣던 단점들이 이제는 생활 곳곳에 직접 영향을 미치기에 도저히 외면할 수 없는 문제로 돌변한다. 이때부터 부부는 좌절한다.

"이 사람은 안 바뀌는구나."

결혼 초에 품었던 막연한 낙관은 사라지고, 갈등과 실망이 쌓일수록 상대의 문제는 영영 해결되지 않을 것처럼 보이기 시작한다. 인간관계에 "사람은 쉽게 변하지 않는다"는 냉혹한 속설이 적용되면서, 배우자를 바꾸려는 시도는 오히려 더 큰 다툼을 불러일으키기 일쑤이다. 어떤 심리 연구에서도 부부 갈등의 약 69%는 근본적인 성향 차이에서 비롯된 영구적 갈등으로, 애써도 완전히 해결할 수 없는 것들이라고 한다. 다시 말해 대부분의 부부는 배우자의 어떤 면을 완전히 바꾸기보다는, 서로 바뀌지 않는 차이를 안고 조율하며 살아가는 셈이다.

동료 이혼 전문 변호사는 "결혼 전에는 배우자의 이상적인 면이 크게 보였는데, 결혼하고 나니 단점만 보인다"며 환상이 깨졌다고 하소연하는 사람들이 많다고 했다. 실제로 폭행이나 외도 같은 결정적 사유가 아니라 "성격 차이"나 막연한 불행감으로 이혼을 고민하는 부부도 의외로 흔하다.

"누구의 잘못도 아닌데 결혼생활이 너무 힘들고 불행하다"는 호소를 하는 사람들이 많다. 결국 결혼 전에 예견되었던 갈등 요인이 끝내 해결되지 못하고 결혼 후 표면화되어 혼인 관계를 파탄으로 몰고 간 경우다.

이상주의자였던 이들은 현실에 부딪혀 결혼 비관주의로 급변한다. 행복하려고 결혼했는데 오히려 결혼 전보다 행복이 줄어들거나 "시간을 돌릴 수 있다면 절대 결혼하지 않을 것"이라고 후회하는 사람도 많다.

극단적 예까지는 아니더라도, 결혼 전에 품었던 환상이 깨지고 나면 많은 사람들이 "결혼이란 이런 거라면 차라리 안 하는 게 낫지 않을까" 하는 냉소적인 생각에 사로잡히기도 한다. 그렇다면, 배우자의 결함을 알게 되면 애초에 결혼을 하지 말았어야 하는 걸까?

내 배우자는 정말 안 변하는가

결혼을 앞둔 모든 이들이 가장 갈등하는 질문 중 하나다. 분명 인간은 성장하고 변화할 가능성을 지니고 있다. 시간과 노력, 그리고 상호작용을 통해 더 성숙해질 수 있고 나쁜 습관도 고칠 수 있다. 사람은 변하지 않는다고 말하는 사람도 많지만, 부부가 서로에게 긍정적인 영향을 주어 결혼 전에 비해 더 나은 모습으로 변모하는 경우가 없지는 않다. 문제는 이러한 변화가 나의 바람이나 결혼이라는 사건만으로 자동으로 이루어지지 않는다는 점이다. 철학적 관점에서 볼 때, 지나친 이상주의는 오히려 위험한 함정을 내포한다.

여기에 대한 기독교의 답변은 '딱 맞는 짝' 같은 것은 애당초 없다는 것이다. 듀크 대학에서 윤리학을 가르치는 스탠리 하우어바스 교수는 그 점을 지적하며 유명한 말을 남겼다.

> 결혼과 가정을 주로 개인의 성취를 도모하기 위한, 다시 말해서 '온전해지고' 행복해지는 데 꼭 필요한 제도로 가정하는 자기실현 윤리는 부부생활에 지극히 해롭다. 여기에는 세상 어딘가에 자신에게 꼭 들어맞는 결혼 상대가 있어서 잘 찾아보면 기필코 만나게 된다는 전제가 깔려 있다. 이는 결혼의 결정적인 일면을 간과하는 윤리적 가설이다. 누구나 부적절한 요소를 가진 상대와 혼인할 수밖에 없다는 사실을 제대로 인식하지 못하고 있다는 뜻이다. 아무도 결혼 상대를 속속들이 알 수 없다. 다만 그렇다고 생각할 뿐이다. 처음엔 확실하다고 믿을지 모르지만 그 마음이 변하는 데는 그다지 오랜 시간이 걸리지 않는다. 세상만사가 대부분 그렇듯, 결혼도 일단 시작하고 나면 더 이상 전에 알던 그 사람이 아닌 법이다. 중요한 건 더불어 살게 된 낯선 상대를 사랑하고 보살피는 법을 배우는 일이다.
>
> 스탠리 하우어바스, "Sex and Politics: Bertrand Russell and Human Sexuality" Christian Centrury, Apr. 19. 1978 재인용, 팀 켈러 《결혼을 말하다》

현대인의 많은 결혼관이 자기완성의 도구로 결혼을 착각한다고 그는 지적한다. 우리는 흔히 내게 꼭 맞는 완벽한 운명의 상대가 어딘가에 있을 거라는 도덕적 전제를 하고 있지만, 이것이 간과하는 사실이 있다. 바로 우리는 항상 틀린 사람과 결혼한다는 역설적인 진실이다. 정답 같은 완벽한 배우자란 애초에 존재하지 않을뿐더러, 설령 처음에 딱 맞는 사람을 만났다 하더라도 시간의 흐름 속에 그 사람은 변하기 마련이다. 결혼이라는 거대한 관계 속에서 우리는 모두 변화를 겪고, 배우자를 어떻게 사랑하고 보살필 것인지 배울지에 대한 태도다.

다시 말해, 결혼 생활은 정해진 두 사람이 그대로 살아가는 정적 관계가 아니라, 서로가 변하고 성장하거나 때로는 퇴보하기도 하는 동적 관계이다. 그렇기에 처음부터 환상적인 완벽함을 기대하기보다는, 불완전함을 전제하고 함께 성장해나갈 마음의 준비를 하는 편이 현명하다. 사람은 변할 수 있지만 그 변화의 주체는 결국 본인 자신이어야 하며, 배우자는 변화의 촉매나 조력자가 될 수 있을지언정 상대를 근본부터 바꿔놓을 마법사는 아니라는 현실을 인정해야 한다.

환상을 걷어내고 책임 있게 선택하기

이상과 현실을 냉정히 저울질하는 현실적 판단이 필요하다. 결혼 이상주의에 빠져 무작정 낙관할 것도 없지만, 그렇다고 결혼 비관주의에 빠져 모든 가능성을 닫아버릴 필요도 없다. 내가 무엇을 감당할 수 있고, 상대방은 어느 정도의 변화 노력 의지가 있는지를 솔직하게 평가하는 일이 필요하다

첫째, 상대의 결함이 도저히 내가 감당하기 어려운 문제라면 결혼 전에 충분한 대화를 나누고 구체적인 약속을 받아둘 필요가 있다. 예를 들어 상대의 폭음 문제나 빚 문제 등이 우려된다면, 결혼 후 어떻게

개선할지 명확한 계획과 다짐을 서로 확인한다. 이러한 대화 없이 막연히 "괜찮아지겠지" 하고 넘어가는 것은 위험하다. 경우에 따라서는 과감히 결혼 결정을 유보하거나 재고해보는 용기도 필요하다. 실제로 "결혼 후 몰랐다, 이럴 줄은 몰랐다"라고 변명하더라도, 많은 경우 그 갈등은 결혼 전에 충분히 예견 가능하다.

둘째, 결혼을 결심했다면 환상을 걷어내고 현실적인 준비를 해야 한다. 결혼 생활은 로맨스 영화가 아닌 현실의 연속이기에, 돈, 일, 가족 계획, 집안일 분담, 부모 부양 등 구체적인 생활 이슈들을 미리 조율하는 것이 중요하다. 나도 상담을 하다보면 사람들에게 이혼을 권하기 보다, 여행을 다녀오거나 진솔하게 대화를 해보고, 구체적인 문제 해결을 위해 노력해보라고 한다. 가령 결혼 후 재산 관리나 가사노동을 누가 어떻게 맡을지, 양가 부모님 부양이나 명절 계획은 어떻게 할지, 자녀 계획은 언제 어떻게 세울지 등 현실적으로 부딪힐 문제들을 미리 터놓고 협의할 필요가 있다. 필요한 경우 법적인 대비도 고려할 수 있다. 최근에는 부부재산약정을 통해 결혼 전에 재산 관계를 명확히 해두는 부부도 있다. 결혼식 준비나 예단·예물 같은 겉치레에만 몰두할 것이 아니라, 정작 결혼 후 함께 살아갈 일에 대해 머리를 맞대고 계획하는 내실 있는 준비가 필요하다.

셋째, 결혼을 결정했다면 그 선택에 따르는 책임을 받아들여야 한다. 더 이상 "내가 이 정도 희생했으면 당신은 변해줄 줄 알았는데"라는 식으로 책임을 전가해서는 안 된다. 상대의 오래된 결함을 알고도 함께하기로 내가 선택한 것이라면, 어느 정도는 그 문제를 끌어안고 갈 각오가 필요하다. 결혼은 환상을 실현하는 장이 아니라 현실을 함께 살아가는 파트너십이다. 상대방의 결점을 인정한 상태에서 결혼을 결심했다면, "당신이 달라질 줄 알았다."는 말로 이제 와서 모든 책임을 배우자에게 돌릴 수는 없다. 오히려 품었던 기대가 비현실적이었음을 받아들이고, 작금의 현실을 안고 함께 해결해나갈지 결정해야 한다. 물론 최후의 수단으로 이혼을 선택할 수도 있다. 그러나 이혼이든 결혼 지속이든 그 무게와 결과를 오롯이 감당해야 하는 것은 본인이다. 법률적으로 보더라도, 이혼은 당사자 본인이 결정해야 할 인생의 중요한 문제지 변호사나 주변인이 대신 결정해줄 수 없다.

  이혼이나 비혼이 만능 해결책은 아니다. 이혼을 통해 행복을 찾는 사람도 있지만 끝내 불행을 호소하는 사람도 있으며, 비혼으로 멋진 삶을 사는 경우도 있지만 나중에 외로움에 직면하는 경우도 있다. 결국 어느 길을 택해도 완벽한 행복을 보장하진 않으며, 각 선택에는 다른 종류의 책임과 대가가 따른다. 끝으로, 결혼 생활을 성공적으로 이어가려면 두 사람 모두의 노력이 필요하다. 상대를 내 입맛대로 바꾸려는 시도보다 서로의 차이를 이해하고 맞춰가는 노력이 현명하다.

  결혼의 환상이 깨지고 현실의 책임과 갈등이 닥치면, 동화 같은 기대 대신 서로에 대한 이해와 노력으로 관계를 재정비해야 한다. 결국 결혼 이상주의와 결혼 비관주의를 오가며 흔들리기보다는, 환상을 벗겨낸 냉정한 현실 인식 위에서 자신의 선택을 주체적으로 내려야 한다. 결혼 전엔 상대의 있는 모습 그대로를 직시하고도 그 무게를 함께 짊어질 각오가 되어 있는지 자문하고, 결혼 후엔 "내가 이 사람을 선택했다."는 책임 의식을 잃지 말아야 한다. 로맨스나 설레이는 감정만 따지는 동화 속의 왕자와 공주의 스토리가 아니라, 결혼은 둘이서 현실의 무대를 살아가는 동반자적 계약이다. 환상을 내려놓는 순간 비로소 우리는 판타지가 아닌 현실 세계의 사건으로 결혼을 직시하게 된다.

결혼: 자유와 공동체 사이에서 피어나는 인간적 성숙

결혼은 한때 당연한 삶의 경로로 인식되었지만 현대 사회에서는 개인적 선택지 중 하나로 자리 잡게 되었다. 개인주의가 확고해지고 삶의 방식이 다양해지면서 결혼은 더 이상 누구나 반드시 거쳐야 하는 통과의례라기보다 각자의 가치관과 생활 패턴에 따라 취사 선택할 수 있는 옵션이 되었다. 그럼에도 불구하고 여전히 많은 이들은 결혼을 통해 삶의 의미와 즐거움을 발견하고자 한다. 이는 결혼이 단순히 두 사람의 감정적 결합을 넘어 인간이 가장 크게 성장할 수 있는 특별한 장(場)을 제공하기 때문이다.

결혼을 이야기할 때 보통 가장 먼저 떠오르는 것은 결혼의 궁극적 목적이다. 누군가는 이를 행복 혹은 즐거운 결혼 생활이라 요약한다. 그러나 결혼으로 진입하고 나면 매일같이 마주해야 하는 현실적 문제들이 끊임없이 떠오른다. 경제적 부담, 시부모나 처가 식구와의 갈등, 육아와 일의 병행 등은 뚜렷한 책임과 의무를 요구한다. 가볍게 보면 단순한 불편으로 치부될 수도 있지만 이 과정에서 우리는 자아의 새로운 면모를 발견하고 이전에는 경험해보지 못했던 형태의 성숙에 도달한다. 궁극적으로 즐거운 결혼을 지향한다 하더라도 그 즐거움은 자극적 로맨스가 아니라 한층 깊은 차원에서 비롯되는 것이다.

많은 사람들은 결혼을 통해 역할의 다면성이 극대화된다고 말한다. 결혼 이전에는 누군가의 자녀이거나 친구, 동료로만 기능하던 사람이 결혼을 계기로 남편이자 아내가 되고 나아가 부모나 며느리·사위 등의 새로운 지위를 획득한다. 이렇게 책임과 의무가 확장되면 개인의 자유가 줄어드는 것처럼 보이기도 하지만 역설적으로 이 과정을 거치면서 인간은 성인이 되어 가는 듯한 느낌을 받는다. 한쪽이 몸이 아파 도저히 움직일 수 없을 때 다른 한쪽이 대신 가사를 맡고 생활을 꾸려나가야 하는 순간들이 찾아오고 때로는 서로 다른 의견과 가치관이 충돌해 갈등이 생기기도 한다. 이런 과정을 함께 넘어서면서 생기는 유대감과 성장의 증거가 바로 결혼 생활의 진짜 의미다.

자아 실현이라는 단어로 결혼을 설명하면 종종 한 사람이 자신을 발

전시키는 데 초점을 두는 일방적 성취로 오해하기 쉽다. 하지만 결혼은 어디까지나 둘이 함께 만들어가는 공동체라는 점에서 오롯이 개인의 성취만 강조할 수 없다. 동시에 공동체를 지향한다고 해서 개인의 자유가 완전히 무시되어야 하는 것도 아니다. 오히려 결혼은 개인주의적 욕구와 공동체적 연대가 교차하는 지점에 위치해 있고 바로 이러한 긴장과 균형 덕분에 부부는 서로를 통해 더 크고 넓은 차원으로 성장한다. 결국 나의 행복과 너와 함께하는 행복이 결합되어 우리의 가치를 만들어가는 것이다.

현대 사회에서 결혼에 대한 가장 큰 고민 중 하나는 바로 개인의 자유와 공동체의 행복을 어떻게 조화롭게 추구할 것인가 하는 문제다. 독신생활은 분명 자유롭고 편안해 보이지만 깊은 유대감이나 상호 책임이 주는 특별한 만족을 경험하기는 어렵다. 반대로 결혼은 여러 역할과 의무가 부여되는 관계이기에 자유의 침해처럼 느껴질 위험도 있다. 그렇지만 한 발 더 들어가 보면 결혼은 서로에게 기대고 의지하는 과정을 통해 개인이 홀로는 얻기 힘든 풍부한 감정과 안정감을 누리게 해준다. 때로는 상대에게 덜 얽힌 삶을 그리워하면서도 막상 도움이 필요할 때 절대적인 편이 되어주는 존재를 얻었다는 사실은 크나큰 위안이 된다.

그리고 결혼이 진정한 의미를 가지려면 거기에 즐거움이라는 요소가 반드시 깃들어야 한다. 이때의 즐거움은 일시적인 쾌락이나 열정만 가리키지 않는다. 부부가 서로에게 애정을 쏟고 서로의 삶을 이해하고 배려하며 때론 갈등을 마주해 성숙하는 과정을 함께 겪는 일련의 흐름이 바로 결혼이 주는 행복의 본질이다. 그 즐거움은 오히려 책임감과 희생을 전제로 하고 크고 작은 도전들을 함께 이겨내는 경험에서 더욱 깊어진다. 삶에 갑작스러운 고난이 닥쳤을 때, 둘이서 다행이다라는 안도감을 느끼는 순간들이 자주 찾아온다면 그것이야말로 결혼의 가치를 증명하는 증거라고 할 수 있다.

이렇게 보면 결혼은 개인이 단독으로 추구하기 힘든 공동체적 성장을 이루게 하는 장치이자 인간 본연의 욕구인 사랑과 자아 확장의 욕망을 동시에 충족시켜주는 무대이기도 하다. 부부는 온갖 사소한 문제와 논쟁 속에서 결국 서로가 서로에게 없어서는 안 될 동반자임을 재확인한다. 함께 부딪히고 갈등하며 그러나 또 그 갈등을 극복하고 나면 자연스럽게 인간적·정서적 차원이 확장된다. 이 확장성은 바로 결혼 안에서 우리가 더 나은 우리가 될 수 있다는 사실을 체감하게 하는 힘이다.

결국 결혼이란 한 개인이 멈추지 않고 성장해갈 수 있는 특별한 공간이며 동시에 자기 외에 또 다른 인격을 받아들이고 보살피는 과정이다. 자아 실현과 공동체의 행복이라는 서로 다른 축이 평행하게 서서히 맞물려 갈 때 사람들은 비로소 결혼이 참 좋다는 심정적 공감대를 형성하게 된다. 모나고 힘든 길 같아도 결혼은 가장 진하고 농밀한 방식으로 인간을 성숙하게 하고 인생을 풍요롭게 만든다. 그래서 결혼의 의미는 끝없이 질문받아 마땅하며 결혼 생활을 통해 얻어지는 다채로운 성찰은 결코 가볍지 않은, 한 인간의 삶을 지탱해주는 든든한 기둥이 된다.

희생과 헌신의 집약체

결혼을 떠올리면 우리는 흔히 "상대에게 헌신하는 것"을 먼저 생각한다. 결혼생활이 길어질수록 서로에게 얼마나 양보하고 배려했느냐를 일종의 척도로 삼기 때문일 것이다. 그러나 전통적으로 헌신이란 특히 여성의 일방적 희생을 전제로 한 경우가 많았다. 예전에는 "무조건 참고 묵묵히 감내하는 것"이 곧 헌신의 전형으로 여겨졌고 그 과정에서 한 사람의 주체적 삶은 짓눌려 버리기 일쑤였다.

하지만 결혼을 서로가 함께 나아가는 과정이라고 본다면 헌신이란 한쪽의 순종에 머무는 게 아니다. 오히려 진짜 헌신은 부부가 서로를 위하는 과정을 통해 동반 성장을 이뤄 내는 데 있다. 예컨대 내가 감당할 수 있는 범위에서 기꺼이 희생하고 배우자도 그런 나에게 진심으로 감사하고 동시에 자신의 역할을 다해 주는 구조라면 그 헌신은 서로에게 힘을 실어 주는 긍정적 원동력이 된다.

물론 이는 단순하지 않다. 애정이 깊어도 육아와 가사, 경제적 부담이 누적되면 한 사람이 "왜 나만 이렇게 헌신해야 하나?"라며 지칠 수 있다. 예전 시대라면 그것을 묵묵한 미덕으로만 포장했을 터이지만 오늘날에는 그 희생이 양방향이 아니라면 갈등이 금세 표출된다. 결혼이라는 공동체에선 어느 한쪽만 언제까지나 참고 희생하기 힘들고 결국 관계의 균형이 무너져버리기 때문이다.

그렇다고 헌신 자체를 부정할 필요는 없다. 결혼은 함께 사는 일인 만큼 서로에 대한 책임감과 배려가 없으면 쉽게 파탄이 온다. 여기서 중요한 것은 "내가 너를 위해 어느 정도까지 양보해 줄 수 있고 너 역시 그런 나를 위해 무엇을 해 줄 수 있나?"라는 상호 존중의 태도다. 이 태도가 확립되어 있어야 헌신이 한쪽의 희생으로만 끝나지 않고 서로를 위한 헌신으로 기능한다.

이 과정에서 우리는 성장을 체감하게 된다. 두 사람이 각자 사소한 욕구를 조절하거나 상대를 위해 기꺼이 시간을 내줄 때 그건 단순히 참거나 수동적으로 따르는 행위가 아니라 "우리가 더 나은 방향으로 함께 나아가자"라는 능동적 선택이다. 배우자가 아플 때 무심코 감정적 거리만 두지 않고 직접 돌보려고 애쓰는 모습, 혹은 상대가 원하는 공부나 커리어 기회를 지원해 주는 모습 등은 모두 헌신이 만들어 내는 아름다운 장면이다.

결국 결혼이란 많은 사람이 말하듯 둘이 함께 일궈 가는 공동체이다. 그 공동체가 제대로 작동하려면 분명 헌신이 필요하고, 예전처럼 한 사람이 무조건 참아 내는 식으로는 오래 가지 못한다. 서로를 위한 희생과 헌신이라는 말이 아름다운 이유도 바로 그 속에 상호성이 전제되어 있기 때문이다. 한쪽이 일방적으로 소모되는 결혼이 아니라 양쪽 모두 조금씩 양보하고 그 대가로 "우리가 이만큼 더 단단해졌다"라는 성취감을 얻게 되는 구조가 진정한 의미의 헌신이라 할 수 있다.

그래서 "결혼은 헌신이다."라는 문장이 결코 틀린 말이 아님을 인정하면서도 이제 그 헌신은 과거와 달리 "함께 나아가기 위한" 행위로 업그레이드되어야 한다. 누군가의 꿈을 묵살하고 억지로 참고 살라고 강요하는 시대는 지났다. 진정 서로에게 기댈 수 있으려면 각자의 노고가 헛되지 않고 서로에게 감사로 귀결되는 선순환의 헌신이 필요하다. 그리고 바로 그 순간 결혼은 한 사람의 삶을 깎아먹는 관계가 아니라 둘이 함께 성장하는 든든한 기반이 될 수 있다.

사랑 뒤에 피어나는 책임과 의무

혼인신고서에 서명하는 순간, 낭만적 사랑 뒤편에 가려져 있던 현실의 무게와 법이 요구하는 구체적 의무가 조용히 드러난다. 민법 제826조는 결혼한 부부에게 동거, 부양, 협조의 의무를 부과한다.

민법 제826조
①부부는 동거하며 서로 부양하고 협조하여야 한다. 그러나 정당한 이유로 일시적으로 동거하지 아니하는 경우에는 서로 인용하여야 한다.

②부부의 동거장소는 부부의 협의에 따라 정한다. 그러나 협의가 이루어지지 아니하는 경우에는 당사자의 청구에 의하여 가정법원이 이를 정한다.

일견 너무나 당연해 보이는 이 두 가지 의무는, 사실 그 문장 너머로 무거운 현실의 요구를 담고 있다. '동거'는 단지 한 집에서 함께 산다는 공간적 의미 이상이다. 법률은 이를 서로에게 성실할 정조의무까지 포함한 개념으로 해석한다. 민법 제840조에 따르면 배우자가 부정한 행위를 했을 때 이를 이혼사유로 삼는 것도, 이러한 정조의무가 법률적으로 중요한 보호 대상임을 보여준다.

제840조(재판상 이혼원인) 부부의 일방은 다음 각 호의 사유가 있는 경우에는 가정법원에 이혼을 청구할 수 있다. <개정 1990. 1. 13.>

1. 배우자에 부정한 행위가 있었을 때
2. 배우자가 악의로 다른 일방을 유기한 때
3. 배우자 또는 그 직계존속으로부터 심히 부당한 대우를 받았을 때
4. 자기의 직계존속이 배우자로부터 심히 부당한 대우를 받았을 때
5. 배우자의 생사가 3년 이상 분명하지 아니한 때
6. 기타 혼인을 계속하기 어려운 중대한 사유가 있을 때

부양과 협조 역시 단순히 경제적 책임 분담을 넘어 서로의 위기 상

황—병이나 실직과 같은 예기치 못한 사건에서 배우자를 적극적으로 돕고 지지하는 책임을 포함한다.

사실 혼인과 관련된 법률은 시대 변화에 따라 상당히 달라졌다. 과거 민법에는 '호주제'와 같은 가족 내 위계질서를 명시한 제도가 있었다. 호주가 가정의 모든 권한을 갖고 아내와 자녀를 통솔하던 이 법 조항은 시대의 변화와 인권에 대한 인식 개선으로 2005년 공식 폐지되었다. 부부간 평등을 중시하는 현대 사회에서 이처럼 개인의 권리와 평등을 침해하는 조항들은 점차 사라지고 있다. 그러나 동거, 부양, 협조 같은 핵심적 의무 조항은 여전히 유지되고 있다. 이는 개인의 자유를 존중하는 현대적 흐름 속에서도 여전히 결혼이 가진 사회적 책임과 보호 기능이 필요하기 때문이다.

법이 요구하는 부부간의 의무는 최후의 안전망처럼 작동한다. 만약 한쪽이 마음대로 집을 나가 부양과 협조를 거부한다면, 다른 한쪽은 민법 제826조에 따라 동거이행심판을 청구하거나, 부양료 청구나 정신적 손해에 대한 위자료 청구도 가능하며, 상황이 심각하다면 민법 제840조 제2호(악의의 유기)나 제6호(혼인을 계속하기 어려운 중대한 사유)에 근거해 법적 이혼을 요구할 수 있다. 이러한 법적 장치가 존재하기 때문에 부부는 감정의 기복을 넘어 최소한의 책임감을 가지고 가정을 유지할 수 있게 되는 것이다.

결혼의 본질이 법적으로 규정된 책임과 의무에 있다는 점은 개인의 선택과 자유가 극대화된 오늘날 더욱 중요해졌다. 한국에서도 기러기 부부, 주말 부부와 같은 다양한 혼인 형태가 등장하면서 동거, 부양, 협조 같은 기본적 의무를 보다 유연하게 해석해야 한다는 논의가 이어지고 있다. 그러나 여전히 결혼이 법적 보호를 받는 이유는 그로 인해 가족이 사회적 공동체로서 최소한의 보호장치를 갖추기 때문이다.

결혼이 단지 개인의 선택과 감정만으로 결정되고 유지될 수 없다는 현실은 이혼의 증가와 혼인율의 감소로 분명히 드러나고 있다. 그러나 법이 존재함으로써 결혼은 여전히 최소한의 사회적 안전망을 유지할 수 있다. 법이 부부에게 요구하는 의무들은 단순히 서로를 옭아매는 족쇄가 아니라, 결혼이라는 공동체가 감정적 위기를 넘어서 지속될 수 있도록 도와주는 보호막이다. 결혼의 본질이 사랑을 넘어서 법적 책임과 의무 속에 존재한다는 점을 분명히 인식할 때, 우리는 비로소 결혼을 현실적이고 책임 있는 공동체로 이해할 수 있을 것이다.

문제가 없는 것이 문제

결혼 생활을 하다 보면 갈등이나 문제가 생기는 건 당연하다. 의외로 요즘 젊은 부부들 사이에서는 문제가 없는 게 문제라는 농담이 종종 들린다. 왜냐하면 결혼 생활에서 커다란 갈등이 눈에 띄지 않는다 하더라도 정작 서로가 불편하고 부담스러운 문제를 일절 꺼내지 않고 넘어가는 경우가 많기 때문이다. 한쪽이 불만을 느끼면 상대에게 말하기보다는 혼자 처리하거나 아예 이 일은 내 몫이 아닌가 보다라며 덮어두어 버린다. 그러다 보니 결혼 생활 초기부터 깊이 있는 대화를 나누지 않고 "우린 별 문제 없어"라는 안일한 태도로 일관하게 되는데 정작 마음속엔 해결되지 않은 감정들이 쌓여간다.

  이혼 상담을 해보면 "싸운 적은 거의 없어요. 그런데 그냥 서로 정이 떨어졌어요"라고 말하는 젊은 부부들이 꽤 많다. 그들은 결혼 생활 동안 큰 충돌이나 드라마틱한 사건이 없었다고 말하면서 동시에 "함께 사는 재미가 없고, 대화가 막혀 있죠"라고 덧붙인다. 갈등이 일어나면 적극적으로 풀기보다는 자연스레 회피하거나 취미 생활·직장 일에 몰두해버리면서 서로와 마주 보지 않으려 했던 패턴이 계속 반복된 것이다. 막상 결혼에 대해 고민할 때도 "이혼이 쉽게 되겠지"라는 막연한 인식이 바탕에 깔려 있는 경우가 적지 않다.

  실제로 젊은 세대는 문제가 생기면 떠나면 그만이라고 가볍게 생각하는 경향도 보인다. 연애 때 조금만 마음에 안 맞아도 결별을 택하듯 결혼에서도 무언가 어긋난다고 느끼면 이혼을 쉬운 출구로 여기는 식이다. 그래서 문제나 갈등의 조짐이 보이면 깊이 파고들기보다는 "굳이 힘들게 붙잡을 이유가 뭐야?"라며 빠르게 마음을 닫아버린다. 이렇듯 겉으로는 우린 별 문제 없어 보인다는 모습이지만, 실은 문제 해결에 나서기보다는 문제 자체를 회피하고 싶은 심리가 크게 작동하는 것이다.

  물론 이혼을 쉬운 선택이라고 말하기엔 현실에서는 여전히 법률적·경제적·정서적 후폭풍이 뒤따른다. 하지만 상담을 하다 보면 "아, 사실 우리가 문제를 제대로 마주한 적이 없어요. 힘들면 이혼하면 그만인 줄 알았거든요"라는 고백을 들을 때가 있다. 갈등 자체가 두려워 한 발 빼는 태도가 젊은 부부들의 결혼 생활 전반을 피상적으로 만들었다고나 할까. 그 결과 서로에게 진짜 하고 싶은 말을 못 한 채 살다 보니 정작 결혼이라는 공동체 안에서 커다란 감동이나 의미를 찾지 못하게 된다.

이제 문제는 "정말 문제가 없어서 관계가 평온한 것인지 아니면 갈등을 미리 차단·회피하고 있기 때문에 표면상 조용해 보이는 것인지" 구분해야 한다는 데 있다. 만약 전자라면 괜찮겠지만 현실에서는 후자인 경우가 훨씬 많다. 갈등이 전혀 없을 수는 없는데 서로 눈치 보며 덮어두다 보니 결혼 생활이 안정적이라기보다 무관심 상태로 굳어버리는 셈이다. 그리고 한쪽이 갑자기 "더는 이렇게 살 필요가 없을 것 같아"라며 이혼 의사를 내비치면 상대는 "우린 싸움도 없었는데 왜?" 하고 황당해한다.

사실 결혼 생활의 성숙은 문제를 전혀 경험하지 않는 데서 오지 않는다. 오히려 사소한 갈등이라도 생길 때 함께 마주하고 풀어가는 과정을 경험해야 두 사람이 더 단단해진다. 갈등이 싫고 귀찮아서 간단히 넘어가면 한시적으로 마음이 편할 수는 있지만 그 대가는 결혼 관계의 진정한 친밀감이 빚어지지 못한다는 점이다. 늘 예민한 얘기는 스킵 하고 의견이 충돌하면 그냥 무시해버리는 태도가 쌓인다면 결혼이 주는 풍부한 감정 교류나 성장 기회는 사라진다.

이혼 변호사로서 나는 "이혼이 나쁜 건 절대 아니지만, 갈등이 생겼을 때 이혼하면 되지라는 식의 단순화 역시 위험하다"고 느낀다. 세상에 문제가 전혀 없는 부부 관계는 현실적으로 존재하기 어렵다. 오히려 문제가 전혀 없다고 느껴지는 그 상태가 심각한 무관심이나 회피로 인한 괴리감일 수 있다는 사실을 자각할 필요가 있다. 언뜻 평온해 보이지만 속에서는 불씨가 사그라들지 않고 도사리고 있다면 언젠가 한 번에 폭발해 이혼을 고민하게 될지도 모른다.

결혼이든 이혼이든 어떤 선택을 하든 문제를 마주하는 태도가 핵심이 된다. 갈등이 생길 때마다 잔기술로 지나가거나 이혼이라는 카드를 만능 열쇠처럼 생각하는 젊은 세대에게 결혼은 점차 쉽게 시작했다가 쉽게 끝낼 수 있는 관계로 전락할 수밖에 없다. 그러나 그런 접근은 결혼이 줄 수 있는 의미나 안정감을 충분히 누리지 못하게 한다는 점도 기억해야 한다.

결혼 생활이란 종종 울퉁불퉁한 길 위를 함께 걷는 과정이다. 쉬이 회피하면 편해 보일 수도 있지만, 그만큼 서로에게 깊이 들어갈 기회를 잃는다. 그리고 정말 "더 이상은 안 된다"고 느낄 때 이혼을 결정하는 건 결코 쉬운 선택이 아님을 깨닫게 될 것이다. 갈등을 대면하고 같이 해결책을 찾는 노력이 없다면 문제가 없는 것이 문제가 되어 버린다. 겉으론 고요했으나 실제론 이미 애정이 식어버린 부부처럼 말이다. 그래서 나는 종종 말한다.

"오히려 사소한 갈등이라도 적극적으로 대화해보는 게, 결혼을 더 건강하게 만들 뿐 아니라 이혼을 불필요하게 만듭니다."

그것이 어쩌면 표면적 평화 뒤에 숨은 공허함을 막아낼 첫걸음이 아닐까.

결혼 위에 나답게 서기

 누군가와 결혼을 약속한 순간부터 사람들은 흔히 '이제부터 뭐든 함께해야 한다'고 생각한다. 둘의 세계가 하나로 겹쳐지고, 내가 가진 모든 가치관과 습관이 상대방과 조화롭게 융합될 것이라는 기대는 설레지만 동시에 막연한 것이다. 막상 결혼 생활이 시작되면 현실은 그런 낭만적 기대보다 훨씬 복잡하고 미묘하게 전개된다. 시간이 지나며 자신이 결혼 전 꿈꾸던 미래의 모습과 지금 자신의 현실 사이의 간극을 느끼며 혼란스러워하는 이들이 적지 않다. 결혼 생활이 성숙하려면 둘 사이의 공감과 배려가 필요하지만, 그러면서도 자신만의 정체성을 유지하는 일이 중요한 이유다.

  한국에서는 전통적으로 결혼이란 개인보다는 가족이나 공동체를 우선하는 것으로 인식되어 왔다. "가정을 꾸렸으면 개인적인 욕구는 뒤로 미루는 것이 당연하다"는 통념이 강했다. 현대 사회에서는 개인의 자아실현과 자유가 중요한 가치로 부상하면서, 이런 전통적 의무감만으로 결혼 생활을 유지하기가 점점 어려워지고 있다.

  결혼은 단순히 사랑이라는 감정의 완성이 아니라, 서로의 부족함과 상처까지도 끌어안고 함께 성장해 나가는 지속적 과정이라는 것이다. 문제는 이런 이상적 관계가 쉽게 이루어지지 않는다는 점이다. 자신을 희생하거나 상대방에게 종속되는 관계가 아니라, 자기다움을 지키면서도 배우자의 독립된 자아를 인정하는 성숙한 결혼이 쉽지 않은 이유도 여기에 있다. "내가 우선"이라는 태도만 고집하면 쉽게 무너지는 것도 결혼 생활이다. 커리어, 친구 관계, 취미 등 각자의 삶을 존중하되, 부부라는 이름으로 함께해야 할 책임과 배려도 분명히 존재한다. 문제는 종종 이 둘의 균형을 잡지 못해 갈등이 커지는 데 있다. 한쪽이 "희생해야 한다"거나 "내 방식이 맞아야 한다"라고 강요하면 다른 쪽은 나답게 사는 것을 포기하거나 반대로 거부감만 키우게 된다. 실제로 이혼을 상담하는 부부 중에는 "내 취향도, 생활 습관도, 꿈도 모두 배우자에게 맞추느라 내가 누군지 모르겠다" 혹은 "우리가 어떤 대화를 해야 서로가 편하게 살 수 있는지 모르겠다"고 털어놓는 경우가 많다.

배우자의 일방적인 태도, 희생만을 강요하거나 무조건 맞추라고 강요하는 행위는 '심히 부당한 대우'에 해당한다. 이로 인해 혼인관계가 회복할 수 없을 정도로 파탄된 경우 재판상 이혼사유가 된다.

고소득 직업을 가진 남편과 결혼하였던 아내는 평생 식견이 떨어진다는 이야기를 들었다. 처음에 미술관 전시회, 음악회, 각종 해외 여행, 골프 등 돈이 많이 들고 시간적 여유가 있어야 즐길 수 있는 것들을 남편의 돈으로 누릴 수 있음에 감사했다. 하지만, 남편은 아내의 취향을 번번이 지적하며 왜 해가 가도 그 취향은 늘 그대로냐면서 먹는 음식, 입는 옷까지 통제하려 했다. 남편은 본인이 아내에게 강요하는 것이 아니라 알려주는 것이며, 아내의 인생이 본인의 노력 덕분으로 더 나은 삶은 사는 것에 고마워 해야한다고 반복해 이야기 했다. 의뢰인의 직업이 작은 회사의 회사원이라는 것도 아내에게는 바꾸어야 할 부분이라고 말했다. 아내가 회사에서 얻는 성취감은 너무 사소하며, 본인이 벌어주는 돈으로 쉽게 살 수 있으니 직장을 그만두라고 권유했다. 아내는 남편이 짜놓은 일정을 소화하느라 마음껏 부모님을 볼 수 없었다. 마음 터놓고 이야기할 친구들, 그리고 친정 부모님도 서서히 멀어져갔다. 자녀가 생기자 아내는 자연스럽게 퇴사를 하고 양육에 전념하기 시작했다. 하지만 아이가 성장하며 자녀의 교육에 대해서 배우자의 입김이 세게 작용하기 시작했다. 자녀가 영어 유치원을 가고, 국제학교에 입학하는 건 당연한 수순이었다. 하지만, 자녀는 아빠가 원하는 학습량을 따라가는 것을 버거워했다. 양육방식에 있어서 아내와 남편의 의견 대립이 서서히 생기기 시작했다. 아내는 갖춰진 삶에 본인은 어떻게든 우겨넣어봤지만 자녀는 다르게 살았으면 했다. 회사 일을 그만둔지도 오래고, 반기를 든다고 해도 결국은 배우자의 말대로 하게 되었다. 다른 방도가 없었다. 의뢰인은 나만 참으면 자식들은 행복할거라 여기며 결혼생활을 유지했으나, 시간이 지날수록 우울증이 깊어져 갔다. 아무것도 할 수 없다는 막막함, 자신이 좋아하는 게 뭔지도 모르겠다는 상실감 등이 쌓여 그저 누군가의 아내, 희생적인 엄마로서만 존재하는 자신이 남아있었다. 어느 날 성인이 된 자녀가 말했다. "엄마도 엄마 인생을 살아." 의뢰인은 그제서야 배우자와의 이혼을 고민해보게 되었다.

  결혼 생활에서 자신을 잃지 않으려면, 상대방과의 경계를 건강하게 유지하면서 서로의 개성과 취향을 존중하는 노력이 필요하다. 하지만 성숙한 관계에서는 타인이 단지 내 자유를 억압하는 존재가 아니라 나를 비추는 거울이 된다. 배우자와의 관계에서 내 모습을 돌아보고, 자신과 상대방의 세계를 이해하며 조화를 이루는 법을 배울 수 있다면, 그것이야말로 결혼의 진정한 성숙이다. 이때 중요한 점은 갈등을 피하거나 무조건 상대에게 맞추는 것이 아니라, 서로의 차이를 직시하고 솔직한 대화를 통해 적극적으로 해결책을 찾아 나가는 태도다.

  법률가의 시각에서 보아도 성숙한 결혼 생활이란 단순히 법적인 의무를 지키는 데서 그치지 않는다. 민법이 정한 동거, 부양, 협조의 의무는 최소한의 사회적 보호장치일 뿐, 진정한 관계의 성숙함은 개인의 내적 성찰과 지속적인 노력을 통해서만 가능하다. 실제로 법정에서 마주치는 이혼 사건 중 상당수는 상대에게 자신의 가치관을 강요하거나 반대로 무조건 상대방에게 맞추다 지쳐버린 결과가 많다. 성숙한 결혼 생활이 이루어지지 않은 채 개인의 자유와 자아가 지속적으로 억눌릴 때 이혼이라는 선택지가 떠오른다. 결혼이라는 공동체를 지키기 위한 의무가 개인의 존재 자체를 부정하는 순간, 더 이상 그 관계가 건강하지 않다는 것을 보여준다.

역설적으로, 성숙한 결혼이란 상대방이 나와 같은 독립적 인격체라는 사실은 인정하고, 기꺼이 그 자유를 상대를 위해 제한하는 일이다. 이를 위해 부부가 반드시 명심해야 할 것이 있다. 바로 '진실'과 '사랑'의 균형을 유지하는 것이다. 무조건 상대의 기분만 맞춰주느라 정작 중요한 진실을 말하지 못하거나, 반대로 지나치게 솔직하다는 이유로 상대에게 상처를 주어 관계를 망치는 사례가 적지 않다. 결혼 생활의 성숙이란 진실을 말하되 사랑을 담아 전달하는 기술에서 비롯된다. 부부가 갈등을 두려워하지 않고 적극적으로 마주할 때 비로소 서로의 부족함과 다름을 통해 성장하고, 각자 자신의 자아를 지키며 행복한 삶을 유지할 수 있다.

결국 성숙한 결혼 생활이 가능한지 묻는다면, 나는 "가능하지만 결코 쉬운 길은 아니다"라고 답할 것이다. 개인의 자유와 공동체로서의 의무가 균형을 이루는 결혼 생활은 결코 자동으로 얻어지지 않는다. 오히려 끊임없는 자기반성과 상호 이해, 때로는 자신의 욕망과 자유를 스스로 제한할 줄 아는 결단력이 필요하다. 그런 의미에서 결혼은 우리가 생각하는 것보다 훨씬 심오한 인간적 과제를 던지는 제도이다.

그렇다면 이혼을 어떻게 봐야 하는가?

4장

이혼 절차와 법원의 역할

이혼을 결심한다고 해서 곧바로 관계가 정리되는 것은 아니다. 연애 때처럼 "우리 헤어지자" 한마디로 끝이 나지 않는 것이 법적 혼인의 현실이다. 부부 사이에 아이가 있든 없든 한국의 법 체계 아래에서는 이혼을 하기 전까지 반드시 거쳐야 하는 절차와 제도가 존재한다. 그 핵심에는 법원이 가정이라는 울타리를 되도록 보호하겠다는 의지와 동시에 정말 돌이킬 수 없을 만큼 파탄이 났다면 정당하게 갈라서게 해주겠다는 역할이 공존한다.

결혼은 주민센터에 가서 신고서만 쓰면 되지만 이혼은 훨씬 까다로운 과정을 밟아야 한다. 일단 협의이혼을 원하는 부부라면 법원에서 마련한 숙려 기간을 거쳐야 한다. 미성년 자녀가 없으면 1개월, 미성년 자녀가 있으면 3개월이라는 짧지 않은 시간이 주어진다. 이는 홧김에 배우자가 싫어졌다고 바로 이혼하지 못하도록 생각의 여유를 부여하는 장치다. 법원은 이 기간 동안 "본인들이 정말 이혼을 원하느냐", "아이에게 미치는 영향은 충분히 고려했느냐"를 되묻는다. 만약 한 번 더 숙고한 뒤에도 이혼 의사가 확고하다면 그제야 이혼의사확인서 등본을 발급받고 실제 이혼 신고까지 일사천리로 진행된다.

문제는 부부가 이혼에 합의하지 못할 때다. 한쪽에서는 더 이상 결혼 생활을 유지할 수 없다고 주장하는 반면 다른 쪽은 "우리는 아직 갈라설 이유가 없다"며 반대한다면 결국 재판을 통해 갈등을 해소할 수밖에 없다. 이런 재판상이혼은 생각보다 문턱이 높다. 단순한 성격 차이나 역할 분담의 실패만으로는 법원이 "그렇다면 이혼을 허락하겠다"고 간단히 결론 내리기 어렵다. 실제로는 외도나 폭력, 중대하고 반복되는 갈등 등을 혼인 파탄 사유로 분명하게 입증해야 한다. 더군다나 자녀의 양육권을 두고 다투거나 재산 분할에 대한 의견이 첨예하게 엇갈릴 때 부부는 서로에게 불리한 과거를 폭로하거나 증거를 제시하며 본격적인 법적 공방을 벌이기도 한다.

법원은 재판관이기도 하지만 동시에 조정자로서의 역할도 담당한다. 단순히 누가 맞고 누가 틀렸는지를 가르는 것을 넘어 가정이 완전히 깨지지 않을 수도 있는지, 혹은 관계가 돌이킬 수 없이 파탄 났다면 그 뒤 피해를 최소화할 방법은 무엇인지 탐색한다. 그래서 도입된 제도 중 하나가 가사조사관의 조사 제도이다. 가사조사관은 부모와 자녀, 혹은 부부의 현재 상황을 세심하게 파악하고 갈등의 본질과 회복 가능성을 살피면서 원만한 합의로 해결할 수 있을지, 이혼 사항에 관하여 당사자 간 합의가 불가능하다면 재판으로 가야 하는지에 대한 의견을 법원에 보고한다. 법원은 그 내용을 검토해 부부가 타협점을 찾을 수 있도록 조정을 권유하기도 하고 그래도 해결이 안 되면 최종적으로는 판결로 이어진다.

법원이 "쉽게 이혼을 허락하지 않는다"고 해서 무조건 가정을 붙잡으려고만 하는 것은 아니다. 실제 재판 현장에선 폭력적이고 회복 불가능한 혼인 관계를 억지로 이어가게 하기보다 적절한 위자료와 재산분할을 통해 부부가 새 출발을 할 수 있도록 돕는 모습도 보인다. 다만 "결혼은 국가가 제도적으로 보호하는 공동체"라는 인식 때문에 최소한 혼인이 파탄에 이른 경위를 확인하고 그 사이에서 발생할 수 있는 자녀 문제를 사전에 점검하려고 애쓴다. 예를 들어 아이가 있는 부부라면 친권자 및 양육자 선정과 양육비, 면접 교섭 권리를 상세히 조율한 뒤 이혼을 허락하고 추후 아이의 복리가 제대로 지켜지고 있는지에 따라 면접교섭센터 같은 기관을 통해 재점검하기도 한다.

결국 이혼 절차와 법원은 부부간의 문제를 법적으로 가르는 일 이상을 목표로 한다. 법원은 한편으로 결혼을 단지 개인의 선택이 아니라 사회 기초 단위로 보기 때문에 섣불리 이혼을 방치하지 않는다. 동시에 이미 두 사람 사이에 되돌릴 길이 없을 정도로 무너진 신뢰를 법과 제도로 강제해 붙잡는 것은 또 다른 피해를 낳을 수 있다고 보기에 적절한 시점에서는 깔끔한 해체를 돕기도 한다. 그 사이를 오가는 과정이 복잡하고 힘겨워 보이지만 사실은 법원이 부부와 아이의 이익을 고루 살피는 과정이기도 하다.

우리가 흔히 "결혼은 자유로운 의지로 했는데, 왜 이혼은 이렇게 어렵냐"고 투덜거리는 이유가 여기에 담겨 있다. 결혼은 혼인신고서에 이름만 적으면 성립되지만 이혼은 그 뒤에 남을 여러 흔적—자녀 양육, 재산 분할, 서로에게 쌓인 감정의 상처—을 모두 점검해야 하기 때문이다. 결국 법원은 부부가 최대한 현명한 선택을 하도록 문턱에서 기다리고 그 선택이 양측에게 더 큰 불이익을 남기지 않는 방향으로 살피는 최후의 심판자이자 조력자라고 볼 수 있다. 그리고 바로 그 과정이 결혼이라는 중대한 사회적 제도를 쉽게 부수지 않게 하기 위해 마련된, 미완성이지만 불가피한 절차이기도 하다.

나를 위한 삶으로서의 이혼

 이혼을 이야기할 때 종종 그건 이기적인 선택 아니냐라는 의문을 듣는다. 심지어 결혼은 높은 도덕률로 묶인 신성한 제도라 여겨지곤 하니 거기서 벗어나는 이혼에 대해 더 큰 죄책감과 비난이 따라붙기도 한다. 하지만 이혼 전문 변호사로 일하며 직접 본 현실은 꼭 그렇지만은 않다. 이혼을 선택한다는 건 단순히 자기만을 위하는 행동이 아니라 때로는 스스로를 돌보기 위한 불가피한 결정일 수 있기 때문이다.
 이 맥락에서 인간 최초의 갈등 양상으로 언급되는 아담과 이브가 떠오른다. 선악과를 먹은 뒤 아담은 "이브가 줬다"며 탓하고 이브는 "뱀

이 유혹했다"라며 남의 책임으로 돌린다. 우리네 부부 갈등도 마찬가지다. 결혼 생활이 삐걱거리면 누구든 먼저 내 탓보다는 네 탓을 하고 싶어 한다. 그런데 그것은 처음부터 상대를 나의 소유물처럼 바라보고 "네가 제대로 안 하면 우리 관계가 망가진다"라는 식으로 책임을 전가하기 쉽다는 의미이기도 하다. 오랜 결혼 생활 중에 부부가 서로를 잔소리·비난·통제 대상으로만 삼아 왔다면 결국 한쪽이 무너지거나 폭발해 버리는 순간이 온다.

특히 높은 수준의 도덕률—이를테면 "결혼은 무조건 유지해야 한다"거나 "끝까지 희생하는 게 신앙인의 자세" 같은 압박—에 스스로를 억누르다 보면 더 깊은 상처를 입기도 한다. "타인을 사랑하라"는 가르침이 언제부턴가 타인을 소유하고 통제해도 된다는 잘못된 방향으로 변질되기도 하고 나아가 자신을 돌볼 여유조차 앗아가 버리는 경우가 생기는 것이다. 정작 이웃을 내 몸같이 사랑하라는 건, 결국 나 자신도 소중히 돌보아야 한다는 뜻이 포함되어 있지 않은가. 자기 몸조차 상처투성이가 되는 결혼이라면 이혼을 고려하는 편이 훨씬 더 건강한 선택일 수 있다.

내가 이혼 소송을 대리하면서 느끼는 점은 의뢰인 대다수가 "절대로 이혼 같은 건 안 하려고 했다"고 말한다는 것이다. 가정에 대한 책임감도 있고 종교적인 신념도 있으며 "결혼은 신성하다."는 믿음도 있었다. 그런데 결혼 생활이 더는 회복 불가능하다고 판단될 정도로 파탄이 난 뒤에는 결국 "이제는 내가 나를 돌봐야 한다"며 용기를 내어 이혼을 결심한다. 물론 외도나 폭력 같은 극단적인 사건이 아니라 상대의 통제나 소유욕이 서서히 쌓여서 지쳐버린 경우도 많다. 이를 두고 "남을 배려하지 않는 이기적 행동"이라 할 수 있을까?

 분명 결혼은 높은 윤리적 잣대를 적용받는 소중한 제도다. 그러나 그런 이상론적 도덕률이 "어떤 희생이든 감수해라"라는 굴레가 되어서는 안 된다. 진정한 신앙과 사랑은 상대방을 나의 소유물이 아니라 하나의 인격체로 대우하고 자기 자신도 건강하게 보살피는 데서 시작하기 때문이다. 재판 현장에서 볼 수 있는 부부 갈등의 결말은 결국 그 공동체가 서로에게 돌이킬 수 없는 상처만 남기는 지경까지 가도록 방치된 경우가 상당하다. 이때 이혼은 어느 쪽이 더 착하고 착하지 않음을 가리는 대결이 아니라 단지 파괴적인 환경에서 빠져나와 자신을 회복하기 위한 최소한의 선택이 된다.

 나 역시 이혼 소송을 대리하는 업무를 하면서 아주 드물게 "정말 끝까지 노력해 볼 수 없나요?"라고 조언할 때가 있다. 두 사람이 서로를 대등하게 존중하는 가능성이 아직 살아 있고 대화와 조정의 여지가 충분하다면 무작정 이혼으로 치달을 필요는 없다. 하지만 실제 상담을 해보면 많은 이들이 이미 수년간 노력해 왔고 "상대가 나를 소유물로 여긴다"는 고통에서 더는 벗어나지 못하겠다고 호소한다. 그럴 때 이혼은 결코 죄가 아니라 인간으로서 자유와 존엄을 지키기 위한 용기

있는 자구책이라 볼 수 있다.

사랑은 분명 숭고한 가치지만 관계가 깨져버려 서로에게 그 사랑의 의무를 강제하는 것이야말로 더 큰 폭력이 되지 않을까 싶다. 아담과 이브의 이야기는 결국 blaming game(책임 전가)에서 벗어나지 못하는 인간의 모습을 상징적으로 보여준다. 그런데 이혼에 대한 높은 윤리적 기준을 요구하면서 배우자나 타인을 향해 "네 탓이야. 끝까지 책임져!"라고 강요하는 건 그 문제를 한층 더 꼬이게 할 뿐이다. 용서와 화해 역시 개인의 존엄과 자유가 보장되는 상황에서만이 제대로 실현될 수 있는 가치가 아닐까.

이혼은 나쁜 게 아니라 때로는 나 자신을 돌보기 위해 어쩔 수 없이 내리는 결정일 수 있다. 더 이상 서로의 인격을 존중하지 못하고 오히려 상대를 소유하려 든다면 그건 이미 결혼이라는 이름에 걸맞지 않은 관계다. 법적으로든 종교적으로든 결혼을 지향하는 우리 사회가 이혼을 무조건 비난하기보다 "왜 이 사람이 이혼을 결심했는지"부터 살펴볼 필요가 있다. 그리고 이혼 전문 변호사로서 나는 그런 마음으로 의뢰인들을 대한다. 그 결정이 결코 남에게서 도망치는 이기심만이 아니라 "스스로를 지키기 위한 정당한 권리 행사의 자리"일 때가 더 많다는 사실을 알고 있기 때문이다.

높은 도덕률이 결혼을 신성하게 지켜줄 수도 있지만 반대로 그 틀을 벗어나려는 사람을 더 깊은 죄책감으로 몰아넣는 양날의 검이 될 수도 있다. 우리가 잊지 말아야 할 건 인간이 서로를 온전한 인격체로 받아들이지 못하는 한 그 어떤 제도도 목적을 달성하기 어렵다는 점이다. 결혼이든 이혼이든 그것이 누군가의 존엄성을 지켜주는 쪽이라면 결코 나쁜 길일 수 없다. 차라리 "타인을 내 소유로 삼아도 괜찮은가?"를 묻고 "내가 지금 나 자신에게 폭력적이지는 않은가?"를 성찰하는 게, 참된 신앙과 윤리의 길이 아닐까. 그리고 이혼은 그 물음에 대한 답을 시급히 찾아야 할 때 꺼낼 수 있는 아주 현실적인 선택지 중 하나인 것이다.

협의 이혼의 모든 것

　이혼은 크게 협의 이혼과 재판 이혼이 있다. 협의 이혼은 흔히 합의 이혼이라고 불리지만 이는 정확한 표현이 아니다. 한국에서는 협의 이혼이 비율이 80%, 재판 이혼의 비율이 20%를 차지한다. 협의 이혼이 이혼의 대부분을 차지하는 이유는 아무래도 재판 이혼의 피로함 때문일 것 같다. 이혼 당사자들은 재판할 바에야 협의하는 것이 경제적이라고 보는 경향이 많다. 이렇듯 재판 이혼은 이혼이 성립되기까지의 절차가 협의 이혼에 비해 복잡하다.
　협의이혼을 하기 전, 무엇을, 어떻게 해야 할지 몰라서 상담을 오시는 분들은 대부분 좋게 이야기해 보려고 한다며 여러 가지 조언을 구한다. 배우자가 이혼 이야기를 꺼내면 수긍할 것이라는 생각, 아이 문제만 해결되면 어렵지 않겠다고 생각하고 상담을 왔다가 정리해야 할 문제가 많아 복잡한 얼굴로 돌아가시는 의뢰인들을 많이 본다.

  좋은 마음으로 큰 소리 내지 않는 이혼이 가능한 부부들도 있겠지만, 돈 문제가 얽히면 서로의 입장만 고집하다가 협의이혼이 틀어지는 경우들도 많다. 하지만 돈 이야기는 나중으로 미루고 일단 이혼, 양육권, 양육비 문제만 정해놓고 실제 배우자와 원만한 대화를 통해 협의이혼을 모두 끝내려고 한다. 협의이혼을 하고 이혼 신고를 마치면 모든 게 다 잘 정리되겠지 하는 마음은 안일한 생각이다.

  배우자가 약속했던 부동산 명의를 이전해 주지 않는다며 협의이혼 후 상담요청을 한 의뢰인이 있었다. 재산분할 청구는 2년 이내로 그 제척기간이 정해져 있는데, 의뢰인이 사무실로 전화를 준 날짜는 1년 11개월이 지나던 시점이었다. 양육비는 전혀 받지 않고 재산을 나누기로 약속했는데, 남편이 차일피일 명의이전 약속을 미뤘다고 했다. 의뢰인의 이야기를 듣고 보니 두 아이를 키우는데 하루하루가 너무 빠르게 지나갔고, '아이 아빠니까 약속을 지키겠지.'하는 마음이 들어 기다린 것이 자그만치 1년 11개월이 된 것이었다. 서둘러 재산분할 청구 소송을 진행했지만 양육비를 받지 않는 대신 재산의 대부분을 양육자인 아내가 가져오기로 한 약속에 대한 증거가 없어서 결국 재산분할은 일부만 인정되었다. 양육비는 과거 1년 11개월 치는 한 푼도 인정받지 못했다. 협의이혼할 때 약속한 내용을 합의서 형태로 적어두지 않으면 이혼 신고 이후 상대방의 말이 바뀌게 되었을 때 증명이 어렵다. 협의란 대화로 좋게 이혼을 하는 것이 아니란 점을 반드시 명심해야 한다.

이혼하기로 결정했다면 나의 상황이 협의 이혼을 해야 하는 상황인지 재판 이혼을 해야 하는 상황인지 먼저 따져보는 것이 중요하다. 잘 모르겠다면 변호사에게 일단 상담을 받아보는 것도 추천한다. 이때 상담을 받은 변호사를 무조건 선임할 필요는 없다. 변호사 한 명을 선임할 것이라고 했을 때 세 명 이내의 변호사에게 상담을 받은 후 최종 선택을 하는 것을 추천한다.

먼저 협의 이혼인지 재판 이혼인지가 정해지는 결정적인 사유는 크게 세 가지이다. 양육권자 문제가 타협되지 않은 상황과 배우자 한쪽이 이혼을 원하지 않는 상황, 그리고 위자료, 재산분할, 양육비 등 금전과 관련된 부분의 의견 차이가 큰 경우다. 이 세 가지 상황에서는 재판상 이혼으로까지 가게된다. 만약 한쪽 배우자에게 외도, 폭력, 경제적 무능 등과 같은 유책성이 있다면 재판에서 증명하기가 상대적으로 쉬워진다. 하지만 상대 배우자에게 애정이 식거나 단순 성격 차이를 이혼 사유로 제출하는 경우, 이를 증명해 내기란 쉽지가 않다. 이혼 전문 변호사를 선임해야 하는 이유가 바로 여기에 있다. 물론 변호사를 선임한다고 무조건 이혼이 되는 것은 아니다. 하지만 선임하지 않아서 재판에서 원하는 결과를 얻지 못했을 때 드는 심리적 우울감, 후회의 감정을 고려해봤을 때 변호사를 선임하는 쪽이 여러모로 합리적이다 .

  그렇다면 구체적으로 협의 이혼 절차는 어떻게 될까? 순서대로 살펴보자. 협의 이혼에서는 변호사를 선임할 수 없다. 하지만 재판 이혼에서는 변호사를 선임할 수 있다. 협의 이혼으로 결정했다면, 법원에 최대 네 가지 서류만 제출하면 협의 이혼 절차가 시작된다. 가장 기본이 되는 혼인관계증명서와 가족관계증명서, 그리고 자녀가 있는 경우 친권 양육권자 협의서를 제출해야 하며 마지막으로 법원 서식의 협의 이혼 의사 확인 신청서를 작성해 제출하면 된다.

  이때 주의해야 할 점이 있다. 협의 이혼의 경우 상대방으로부터 재산 분할이나 위자료 등 돈을 받기로 한 부분이 있다면 따로 합의서를 쓰거나 공증을 받는 방식으로 문서화시키는 것이 중요하다. 만약 상대방이 협의이혼 시에는 구두로 재산 분할로 1억의 돈을 주기로 하고 주기로 한 날짜가 지나도 주지 않는 상황에 놓였다고 해보자. 공증이나 합의서를 작성하지 않은 경우라면 상대방을 대상으로 최소 6개월에서 1년이 걸리는 재산분할 청구 소송을 제기해야한다. 이 소송은 상대방이 약속한 금원 1억 원보다 낮게 결론이 날 가능성도 있다.

  모든 서류가 제출됐다면 협의 이혼 절차의 시작이다. 이혼 숙려 기간의 시작인 것이다. 만 19세 미만의 미성년자 자녀가 있는 경우 3개월, 자녀가 없거나 자녀가 있더라도 미성년자가 아닐 경우 1개월의 숙려 기간이 주어진다. 미성년자 자녀가 있는 경우 이혼 서류를 제출한 지 3개월 후와 4개월 후, 총 두 번의 이혼의사확인일이 지정된다. 미성년자 자녀가 없는 경우 이혼 서류를 제출한지 1개월 후와 2개월 후, 역시 총 두 번의 이혼의사확인일이 지정된다. 두 번의 날짜가 지정되는 이유는 불출석할 가능성, 그럼에도 두 날 중 하나를 택해 출석할 수 있도록 한 번 더 기회를 주기 위함이다. 날짜가 잡힌 후 양방 중 한 명이라도 불출석하게 된다면 해당 이혼 신청은 무효가 된다.

  그렇다고 양방이 이혼의사확인일에 모두 출석한다고 해서 이혼이 성립되는 것은 아니다. 이혼 절차가 끝나면 마지막으로 이혼의사확인서를 받게 되는데, 이를 받은 날로부터 3개월 이내 이혼 당사자 중 한 명이 관할 구청에 반드시 신고해야 한다. 만약 신청하지 않는다면 이혼 의사가 철회된 것으로 간주된다. 이 대목을 읽은 독자 중 협의 이혼 절차가 생각보다 번거롭다고 생각하는 분들도 계실 것 같다. 하지만 협의 이혼이 성립되기까지 총 소요되는 기간은 최소 1개월에서 최대 3-4개월이다. 1년을 넘지 않는다는 것이 핵심이다.

조정 이혼, 협의 이혼과 재판 이혼 그 사이

조정 이혼은 변호사 입장에서 봤을 때 매우 합리적인 이혼 방식이다. 실제로 의뢰인분들께도 많이 추천드리고 있다. 조정 이혼이란 협의 이혼과 재판 이혼의 성격을 동시에 가지고 있다고 볼 수 있다. 조정 이혼이 진행되려면 먼저 이혼 당사자 모두가 이혼에 합의해야 한다. 이점에서 협의 이혼의 성격을 띄고 있다.

협의 이혼과의 차이점은 조정위원이 투입되어 이혼 조건을 조정해 준다는 점이다. 조정 이혼을 하기로 결정했다면 법원에 조정 신청서를 제출해야한다. 이후 조정 기일이 잡히면 당사자와 조정 위원이 한 자리에 모여 이혼, 위자료, 재산 분할, 양육에 대한 내용을 1시간에서 2시간가량 조율하는 절차를 거친다. 조정 위원은 양방의 상황을 고려해 예상되는 가이드라인을 제시하고, 최대한 양방의 의견을 반영하려고 한다. 따라서 제3자가 상황을 중재한다는 점에서 재판 이혼의 성격도 일부 가지고 있다.

다음은 실제 맡았던 사건이다. 의뢰인은 상대방에게 재산 분할 1억 2천만 원을 줘야하는 상황이었다. 하지만 의뢰인은 막 취업한 상황이라 매달 일정한 수입은 있었으나, 자산은 가치가 별로 없는 토지 뿐이라 당장 지불할 수 없는 상황이었다. 월급의 1/3을 매달 지급하겠다고 약속하고, 매달 지급하는 약속을 어기면 나머지 금액을 한꺼번에 갚는 것으로 상대방에게 제안하였다. 상대방은 의뢰인에게 당장 1억 2천만 원을 받을 길이 없음을 알고 있었기 때문에 고민 끝에 제안을 받아들였고, 결국 조정 이혼 과정을 거쳐 10년동안 매달 100만 원씩 120회 지불하는 것으로 조정이 마무리 된 사례가 있다. 굉장히 이례적으로 지급횟수를 길게 합의한 사안이긴 하지만 이렇게 조정 이혼을 하게 되면 당사자들 간 조율되지 않았던 지급 시기, 방법 등 기타 부수 사항에서 조율이 이루어지면서 극적인 합의가 되는 경우가 있다.

또한 실무적으로도 의의가 있는 제도이다. 부부가 헤어지면서 정리해야할 문제가 '돈' 문제뿐만은 아니다. 아내가 결혼생활 중에 남편의 보험을 계약한 경우처럼 결혼생활 중 가입한 보험의 계약자와 피보험자가 다르면 이혼하면서 보험계약자 명의를 변경할 필요가 있다. 이러한 계약자 명의 변경사항은 조정이혼 과정에서 조정조서에 기재할 수 있다. 또한, 성년자녀에 대한 학자금, 결혼비용 등은 법적으로 반드시 지급해야할 의무는 없으나, 현실적으로 고등학교를 졸업 후 바로 독립하는 자녀가 있는 집은 드물다. 대학교 등록금, 결혼비용 등은 성년자녀가 혼자 감당하기는 큰 액수이기 때문에 이혼 후 함께 사는 부모 중 한 명이 지원한다. 이혼한 배우자에게 성년 자녀의 등록금 등을 지원받을 수 있을지가 이혼 후 경제적 상황에 큰 영향을 미치는 것이 현실이다. 따라서, 비교적 자유롭게 이혼에 관련된 사항을 정할 수 있는 조정이혼에서 비양육권자에게 성년 자녀의 장래 대학교 등록금, 결혼비용 등의 지원여부를 정하는 것은 중요하다.

조정 신청서에 다툼 없이 빠른 처리를 원한다고 적으면 법원에서 조정 기일을 잡지 않고 곧바로 화해 권고 결정을 하는 경우도 간혹 있다. 화해 권고 결정이란 법원이 당사자 간 합의점을 찾아 이 정도면 서로 화해할 수 있다고 권고하는 결정이다. 이렇게 된다면 매우 빠르게 이혼이 가능하다. 상대 배우자와 만날 필요조차 없다. 물론 이렇게 화해 권고 결정으로 사건이 종결되는 경우는 부부 사이에 자녀가 없는 경우이다. 마지막으로 이혼 조정 조서를 가지고 바로 강제집행이 가능하다는 장점도 있다. 위자료, 재산분할 등 지급받아야할 금액을 조정 조서에 작성하면 판결문과 동일한 효력이 발생하기 때문이다. 위와 같은 장점 때문에 재산분할, 위자료를 받아야하는 입장에서는 협의이혼 보다는 조정이혼 제도를 이용하는 분들이 늘고 있다.

 이혼 조정 조서란 조정 절차를 통해 정해진 사항을 서류로 작성함으로써 이혼 조건들을 공식화하는 것이다. 이렇듯 조정 이혼은 협의 이혼과 재판 이혼 사이에서 갈등 중인 당사자들이 충분히 고려해볼 만한 제도이다.

주체적인 이혼이란

당신의 남편 혹은 아내가 바람을 피웠다고 해보자. 그는 한마디로 꼴도 보기 싫은 사람이 되어 버렸다. 고심 끝에 이혼을 결심한 후 이혼 변호사를 찾아간 당신. 그저 하루 빨리 결혼 생활을 끝내고 싶다고 이야기할 것이다. 대부분의 케이스가 그렇다. 하지만 여기서 끝나면 안 된다. 이혼은 반드시 주체적이어야 하기 때문이다.

성공적인 이혼은 주체적인 이혼이 전제가 되어야 한다. 이혼하겠다는 마음부터 이혼의 전 과정을 직접 결정해야 한다. 배우자와 결혼하기로 한 결심도 온전히 나의 결정이었듯이 배우자와 헤어지기로 하는 결정도 온전히 나의 것이어야 한다.

　이혼을 결심하기 전 이혼을 해야하는 이유, 즉 이혼 사유가 무엇인지를 먼저 살피는 것이 필요하다. 민법 제840조 1호 내지 5호에서 정한 이혼 사유에 들어맞으면 문제가 없지만, 6호 사유로 가서 과연 내가 느끼는 혼인생활의 불편함이 혼인을 지속할 수 없는 중대한 사유에 해당하는지를 고민해봐야 한다. 많은 사람들이 이 조항 앞에서 고민을 한다. 배우자와의 관계가 더 이상 참을 수 없는 고통으로 다가올 때 많은 사람들은 내가 느끼는 이 불행함이 나만의 생각인 것인지, 다른 사람이 보았을 때에도 나는 이혼할만한 상황인지를 궁금해하며 인터넷 정보 등을 찾기 시작한다. 객관적인 판단을 구하면서도 마음 한 켠으로는 제3자가 본인의 결혼생활을 들어보고 '이혼할 만 하네.'라는 이야기를 해주었으면 하는 마음이 더 크다. 하지만 결혼생의 모양이란 것이 사람의 생김새 마냥 다 다르기 때문에 일반화 할 수 없고, 나와 동일한 사례를 찾는 것은 더욱 힘들다. 결국 돌아돌아 어렵게 이혼전문 변호사 사무실에 온 많은 의뢰인들은 상담 첫 질문으로 '이혼이 가능할까요?'라는 질문을 던지게 된다. 실제로 상담자들 중엔 이혼을 하겠다고 결심을 하고 오는 의뢰인들도 있지만, 이혼을 고민하는 과정에 있는 의뢰인들도 이혼상담을 받으러 온다. 이혼을 하게 되었을 때 나의 인생이 어떻게 변할지 상담받는 건 똑같지만, 이미 이혼을 결심한 의뢰인은 이혼의 방식, 변호사 선임여부 등을 결정하기 위한 정보 탐

색 과정일 뿐이다. 하지만 이혼을 고민하는 의뢰인에게는 이혼을 결심할 마지막 퍼즐 한조각이 되기도 한다.

한 시간 남짓한 상담시간동안 의뢰인의 결혼 생활 전반의 이야기를 듣다보면 법정 이혼 사유 6가지 중 어느 사유에 해당하는가는 쉽게 결론 지을 수 있다. 의뢰인이 원하는 답변을 해줄차례가 되면, 의뢰인은 자신이 이혼을 청구하면 법원에서 자신의 손을 들어준다는 말에 큰 위안을 얻는다. 하지만 어떤 의뢰인 중에서는 이혼 사유에 대한 변호사의 의견을 듣고도 혼란스러워한다.

"변호사님 저 어떻게 해야해요? 이혼할까요?"

라고 묻는 의뢰인들이 적지 않다. 그럴때면 나는

"어떠세요, 이혼하고 싶으세요?"

라고 되묻는다. 이혼 결정은 오직 의뢰인의 결심에 달렸으며, 나는 당신의 선택을 도울 뿐이라고 말한다.

의뢰인들의 마음을 너무나도 잘 알고 있다. 이혼이 인생에서 얼마나 중요한 결정인가. 내 결정에 후회가 없기 위해서 백번, 천번 고민하지만 그렇게 고민해도 명확한 답을 내릴 수 없다. 그렇기 때문에 상담을 온 의뢰인들은 수백, 수천건의 이혼을 목도하여 온 나에게 그들의 결정 권한을 쥐어주고 싶거나 적어도 공감을 바라는 것이다.

하지만 현실에서는 이혼 결심을 따라 행복이 뒤를 이어 오지 않는다. 결혼을 결심하면서 이미 한 번 배운다. 행복은 타인에게서 오지 않는다. 심지어 결혼하고 난 이후 부부의 행복은 당사자들의 끊임없는 노력으로만 이룰 수 있다. 이혼을 결심하고 실행에 옮겼다면, 그 이후 행복해지는 건 오로지 본인의 의지와 노력 뿐이다. 이혼은 주체적이어야 한다. 스스로 이혼을 결심하지 못한다면, 언젠가 반드시 후회한다. 그리고 그 후회를 극복하지 못하고 과거의 결정에 대한 미련으로 미래로 나아가지 못할 가능성이 높다.

신중하게 이혼에 대한 의사를 확인하였다면, 반드시 이혼 후의 삶을 가늠해보는 과정이 필요하다. 이혼은 크게 다섯 가지 항목을 결정해야 한다. 이혼의 조건, 위자료, 재산분할, 친권과 양육권, 양육비. 주체적인 이혼이란 각 항목마다 자신이 원하는 사항을 변호사에게 구체적으로 제시한다. 변호사가 알아서 잘 해주겠거니 하는 생각은 하지 말자. 경험상 이런 생각은 이혼 과정이 끝났을 때 후회를 남기기 마련이다. 변호사의 생각과 의뢰인의 생각은 다를 수 있기 때문이다.

결혼이 늘 성공하는 것은 아니다. 결혼이 행복해지기 위해 했듯, 이혼도 행복해지기 위해 한다. 결혼이 실패하듯, 이혼도 실패해서는 안 된다. 이혼은 반드시 성공해야 한다.

사랑의 회복

5장

시작은 대화에서부터

 결혼이 흔들리는 순간 결국에는 대화가 필요하다. 부부가 법적으로 혼인신고를 하고 남녀가 한 가정을 이루는 과정은 생각보다 훨씬 많은 갈등 지점이 있다. 재산 분할 문제가 엇갈리거나 외도 사실이 밝혀져 신뢰가 무너지기도 하고 때로는 폭력이 오가면서 관계가 완전히 파탄 직전에 몰릴 때가 있다. 그렇지만 이런 이혼 위기의 밑바탕을 자세히 들여다보면 서로의 생각과 감정을 제대로 나누지 못했다는 "대화 부족"이 깔려 있음을 알게 된다.
 아내에게 이혼을 요구받은 남편이 상담실을 찾았다. 아내는 혼인 초

부터 남편에게 이혼하자는 말을 달고 살았다. 이야기를 들어보니 아내와 남편 간의 '이혼 요구'를 덜어내면 큰 갈등 원인이 보이지 않았다. 서로를 사랑했고, 자녀 양육에 있어선 좋은 파트너였다. 하지만 아내는 틈만나면 이혼 이야기를 꺼냈다. 물론, 거듭된 이혼 요구도 이혼 사유가 될 수도 있으나 남편의 이야기 속 아내의 이혼 요구는 특정한 상황에서만 있었다. 아내는 남편의 늦은 귀가, 잦은 회식이 불만이었다. 남편도 나름 회사 내에서 고충이 있었다. 특정 학교 학벌 출신들이 임원이 되는 회사 분위기 속에서 정년까지 버터 가정을 지키려면 수많은 접대와 회식 등은 거부할 수 없는 일의 연장선이기 때문이었다. 하지만 남편은 아내에게 본인의 학벌 콤플렉스, 회사 내 상황을 시시콜콜 이야기 하고 싶지 않아 대화를 피했고, 15년간 서로에 대한 오해가 돌덩이처럼 굳어졌다. 남편은 아내의 이혼 요구가 오랜 기간 가정을 위해 헌신한 본인의 상황을 이해하려는 마음이 없기 때문이라 생각했다. 상담 말미에 부부상담을 권했다. 이혼을 하기 위해 조금 더 확실한 증거가 필요하다는 취지였으나, 부부가 마음 속 깊은 이야기를 나눈다면 서로를 이해하게 될 것이라 생각했다. 부부상담을 수개월 받고 오겠다고 상담실을 나선 남편은 이후 문자 하나를 보내왔다. 아내와 이야기가 잘 되었다며 '상담 감사하다.'는 짤막한 문자였다.

결혼은 애초에 "상호 의존성"을 극도로 높이는 공동체 관계다. 서로의 일상과 재정을 나누고 아이를 기르며 양가 부모의 문제까지 함께 떠안는다. 달리 말해 어느 한 사람의 결정이 다른 쪽 삶에 지대한 영향을 미치는 구조다. 그런데도 서로의 의견을 솔직히 내놓고 듣지 않은 채로 지내다 보면 작은 문제도 금세 불신과 원망을 키우는 불씨가 된다. 재산이나 육아, 혹은 부정행위와 폭력 이슈에 이르기까지 대화 없이 쌓인 불만들은 순식간에 큰 균열을 낳는다.

결혼을 "남녀가 사랑으로 완성해 가는 과정"이라고 한다면 그 완성의 주요 조건은 희생과 대화다. 희생이란 단순히 한쪽이 고개 숙이고 포기하는 일이 아니라 상대방의 처지와 필요를 고려해 양보하거나 배려하는 능동적 태도를 말한다. 그런데 희생조차 서로의 생각을 주고받는 대화가 없다면 빈껍데기가 되기 쉽다. 한쪽이 "나만 계속 참아 왔다"고 느끼는 사이, 다른 쪽은 정작 그 노력을 전혀 눈치 채지 못해 미안함조차 품지 못하게 되는 식이다. 그래서 대화는 갈등의 진짜 원인을 살피고 희생의 결과물이 제대로 서로에게 전달되도록 돕는 사실상 결혼 생활의 가장 근본적인 도구다.

애정이 완전히 식어 버린 상태에서는 대화가 쉬울 리 없다. 그러나 많은 부부가 결국 "한 번이라도 솔직히 마주 앉아 이야기해 볼 걸 그랬다"고 후회한다. 이혼 소송까지 가서 재산 분할과 아이 양육권을 법정에서 다투게 될 때에는 각자가 혼인생활 중 힘들었던 이야기를 서면으로 쏟아낸다. 하지만 정작 각자가 상대방에게 하고 싶은 말을 정제된 언어로 논리적으로 펼칠때, 상대방의 주장에 귀기울이며 자신의 잘못을 되돌아보는 사람은 아무도 없다. 그저 나의 억울함만이 재판정에 올려퍼지는 것이고, 그 주장이 나의 사건을 결정해줄 판사님에게만 도달하면 된다고 생각하기 때문이다. 때문에 이혼 소송까지 치닫기 이전에 갈등이 시작되거나 진행중일 때에도 늦지 않았다. '서로가 왜 그렇게 화가 났는지' '왜 의심이 끊이지 않았는지' '왜 우리는 서로에게 그렇게 화를 내고 있었는지'를 들어 보고 차분히 대화를 해보았다면 폭력 같은 극단적 사태로 가지 않았을 수도 있고 일방적 가출 치달은 이유를 더 일찍 파악할 수도 있었을 것이다.

결혼은 둘이 함께 꾸려 나가는 공동체이므로 어떤 문제가 생겼을 때 한쪽이 혼자 해결하기 어렵다. 상호 의존성은 결국 둘이 머리를 맞대고 말해야만 실질적 답을 찾을 수 있음을 의미한다. 대화를 통해 "나는 이렇게 힘들고 네가 여유 있는 편이니 좀 도와줬으면 해"라는 마음을 전하는 순간 희생이 고통이 아닌 상대를 돕는 행복이 되기 시작한다. 그리고 대화가 지속적으로 오가면 그간 감정적으로만 쌓여 있던 돌덩이가 차츰 풀려 가고 서로에게 배려해야 할 지점이 구체적으로 드러난다.

어떤 부부들은 이혼 직전까지 가서야 전문가에게 부부 상담을 받는다. 그곳에서 비로소 "아, 이 사람이 이렇게 괴로웠구나"를 깨닫기도 하고 상대를 달래거나 도움을 요청하는 구체적 언어를 배운다. 결국 혼인신고서만으로 보장받지 못하는 게 결혼 생활의 실질적 안정감이고 그 안정감은 부부가 얼마나 제대로 소통하고 서로의 욕구를 맞춰 가는지에 달려 있다. 대화가 없다면 불신과 원망이 곪아 폭발하고 이혼을 결심한 뒤에는 모든 게 이미 늦은 뒤일 수 있다.

물론 대화가 모든 문제를 기적처럼 해결해 주지는 않는다. 때로는 수십 번 대화를 반복해도 외도를 멈추지 않거나 폭력이 계속되는 사례도 있다. 그런 경우라면 이혼이 불가피할 수 있다. 하지만 적어도 대화를 시도하지 않고 그저 가슴 속에 담아 둔 채 혹은 상대를 무조건 탓하며 방관하는 태도는 결혼이라는 공동체를 극단으로 몰아간다. 사랑으로 시작한 관계가 회복 불가능한 지경에 이르기 전 대화를 통해 서로의 상처를 확인하고 "어디서부터 잘못됐을까"를 파악하려는 최소한의 노력이야말로 결혼을 지탱하는 진짜 힘이다.

남녀가 법적으로나 사회적으로 부부가 되는 순간 그 자체만으로 두 사람의 관계가 완성되는 건 아니다. 결혼이란 결국, 대화라는 통로를 통해 희생과 배려가 오가야만 실질적으로 존재하는 관계다. 만약 지금 이 순간에 "도저히 못 살겠다"는 생각이 들 정도라면 한 번이라도 시간을 내어 상대와 마주 앉아 솔직한 말을 주고받아 보길 권한다. 이혼을 고려하는 부부조차 대화를 통해 오해를 풀고 공동체성을 재발견하면 이전보다 더 단단해지는 사례가 적지 않다. 결혼은 서류나 의식만으로 성립되는 제도가 아니라 둘이 끝없이 대화하며 함께 있다는 걸 확인하는 긴 과정임을 잊지 말아야 한다.

이혼 위기 앞에서 상담소를 두드리는 용기

 이혼을 고민하는 부부들이 "이미 다 해 봤다"는 말을 자주 하지만 정작 부부 상담이나 지역 상담소를 찾는 일은 생각보다 드물다. 갈등이 오래 쌓여 서로 지칠 대로 지쳐 버리면 법원에 재판을 신청하거나 변호사를 통해 협의이혼을 논의하는 방식이 곧장 떠오르기 때문이다. 하지만 법원에서 진행되는 상담·조정 절차나 지역에서 운영하는 부부 상담 센터 등은 이혼 위기에 놓인 부부에게 막판의 돌파구나 최소한의 정리 기회를 제공하기도 한다.
 부부 상담까지 모두 해보고 이혼 상담을 오는 의뢰인이 많지는 않

다. 실제 남편의 정서적 외도로 이혼을 결심한 아내가 이혼 상담을 왔다. 남편은 회사 동료와 연락을 주고 받고, 정신적으로 의지했던 부분을 모두 인정하고 아내에게 기회를 달라고 했다. 하지만 아내는 남편이 회사동료와 나누었던 메세지 속 말투를 보고 남편이 회사 동료에게 마음을 온전히 준 것이라 확신했고, 아이가 없는 때에 이혼을 하는 것이 맞다고 결심했다. 아내가 제기한 이혼소송 중 남편은 재판부에 아내와 이혼을 원하지 않으며 부부상담을 받고 싶다고 매달렸다. 재판부는 정신적 외도 사안이라 외도의 수위가 높지 않았다고 판단했는지, 아내에게 마지막으로 남편과 부부상담을 한 번 받아보고 그래도 이혼에 의사가 확고하다면 판결을 내려보겠다면서 부부상담 결정을 내렸다. 아내는 어쩔 수 없이 남편과 부부 상담에 참여하였다. 남편이 회사 동료에게 다정하게 보낸 메세지가 너무 화가 나지만, 한 번 더 기회를 주고 그 이후에도 마음이 풀리지 않는다면 이혼하겠다고 하였다. 하지만 부부 상담은 5회가 넘게 진행되었고, 아내의 마음은 남편의 노력에 의해 조금씩 변하였다. 회사동료에게 느낀 감정이 단순히 이성적인 감정으로만 설명되는 건 아니었다는 사실을 아내는 여러 차례 상담을 통해 이해하게 되었다. 아내는 부부 상담이 모두 끝나기도 전에 사무실로 전화를 걸어 소 취하서를 제출해달라고 했다.

  법원이 주도하는 상담·조정 과정은 대체로 이혼 소송이 접수된 부부에게 "정말 굳이 이혼만이 답인가요?"라는 질문부터 던지는 식으로 진행된다. 재판부 입장에서는 부부가 뜨거운 감정에 몰려 무조건 갈라서려 하기보다 혹시 대화나 조정을 통해 다시 합의점을 찾을 수 있는지 살펴보길 원하는 것이다. 실제로 "이혼을 왜 안 하려고 하냐?"는 식의 언급이 나오기도 하는데 이는 당사자가 원하면 무조건 이혼을 시키겠다는 게 아니라 부부가 감정적으로 치우쳐 결정을 서두르기 전에 함께 회복할 의사가 남아 있느냐를 묻는 의도가 숨어있다. 조정위원이나 가사조사관이 부부 사이 갈등의 원인을 객관적으로 분석해 주고 재판으로 치닫기 전 잠깐이나마 대화를 시도할 틈새를 만들어 주면 놀랍게도 여기서 다시 손을 잡고 돌아서는 부부가 적지 않다.

 법원의 조정 절차 외에도 지역 상담소를 활용하는 방법이 있다. 종교단체나 지자체, 혹은 사설 심리상담센터에서 부부 대상 프로그램을 운영하는 경우가 많지만 막상 위기에 봉착한 부부들이 "사소한 갈등이면 몰라도, 이렇게 크게 틀어진 상황에서 무슨 소용이 있겠어"라며 시도조차 하지 않는 경우가 많다. 그러나 상담사 앞에서 한 번이라도 대화 방법을 재정비해 보면 간혹 결혼을 지킬 충분한 가능성이 남아 있음을 깨닫기도 한다. 지역 상담소에서는 얕은 위로만 늘어놓는 것이 아니라 재정·육아·가사 분담 등 실제 생활에서 벌어지는 문제를 구체적으로 점검하고 조언해 주기 때문에 부부가 "이런 방식도 있었네" 하고 무릎을 치는 상황도 생긴다. 예컨대 매주 특정 요일·시간을 정해 대화 시간을 갖는 방법이나 서로 짊어지는 몫을 서면으로 명확히 정하는 훈련을 통해 그간의 오해가 조금씩 해소될 수 있다.

물론 상담이나 조정이 만능 해법은 아니다. 폭력이 지속되거나 외도가 반복되는 등 이미 한쪽에서 관계를 단절할 수밖에 없는 절망적 상황일 수도 있다. 그렇다 해도 마지막으로 전문가의 중재를 거쳐 보면 내가 정말 최선을 다했나?라는 회의감은 덜 수 있다. 실제로 상담을 받고 나서도 결론이 이혼이라면 적어도 불필요한 미움이나 적대감 대신 "여기까지가 한계였구나."라는 확신이 서는 경우가 많다. 재산 분할이나 자녀 문제 협의에 이르러서도 감정적 폭발을 좀 더 억제하며 진행하기가 수월해진다.

이혼이라는 결단은 쉽지 않은 선택이다. 법률적 절차만 믿고 갈라서는 일에 몰두하기보다는 이미 닫혀 있다고 여겨진 대화의 문을 상담이라는 형식을 통해 다시 열어 보는 것 혹은 법원 조정의 기회를 적극 활용해 보는 것이 부부에게 남은 마지막 시도일 수 있다. 지역 상담소 역시 "정말 우리에겐 길이 없을까?"라는 물음에 답을 찾을 수 있는 비교적 적은 부담으로 시도 가능한 통로다. 어떤 부부는 그 기회를 잡아 극적으로 파탄 위기를 넘기고 또 다른 부부는 더욱 단단한 마음으로 이혼을 진행한다. 어느 쪽이든 상담을 통해 당사자들이 왜 이런 결말에 이르렀는가를 조금이라도 더 명확히 알게 되면 불필요한 후회나 미움에서 자유로워질 가능성이 커진다.

결국 상담소를 찾는다는 건 이혼 위기에 대한 "대화와 조정"의 마지막 가능성을 존중하는 행위다. 전문가의 안내를 받으며 갈등의 뿌리를 뽑아 보려 애쓰는 동안 의외로 상처들이 봉합될지도 모른다. 결혼이란 공동체가 흘린 시간과 추억이 조금이라도 아깝게 느껴지고 미련이 남는다면 최소한 상담의 문은 두드려 보자. 정녕 그럼에도 회복이 어렵다면 서로가 납득할 만큼 노력했다는 사실만으로도 이혼 후에 남는 상처를 조금이나마 줄일 수 있을 것이다.

낯선 풍경 속에서 다시 만나는 우리

두 사람이 살고 있는 집이라는 공간은 결혼 생활의 모든 풍경을 담고 있으면서도 아이러니하게 가장 깊은 갈등의 무대가 되기도 한다. 식탁 위에 나란히 놓인 커피잔, 벽에 걸린 가족사진, 서로의 냄새와 소음이 뒤섞인 방 안… 익숙하고 편안한 배경이지만 정작 어느 순간부터 서로를 옥죄는 장소가 되어 버릴 수도 있다. 싸움이나 갈등 상황이 반복될수록 예전엔 안온하던 집이 이제는 불편한 긴장감을 안겨 주는 무대가 되는 것이다. 그렇기에 이혼 위기를 극복하려는 여정에서 집을 벗어나는 것, 그중에서도 둘이서 함께 여행을 다녀오는 시도는 의외로 강력한 전환점을 제공해 준다.

여행은 대체로 기대와 설렘을 동반한다. 새로운 곳을 향해 떠날 때 사람들은 일상에서의 굴레를 내려놓고 낯선 풍경을 마주하리란 기대감에 마음을 열게 된다. 결혼 생활이 지친 싸움과 냉담으로 가득 차 있을 때 여행이라는 낯선 장소로의 이동은 두 사람의 경직된 감정을 이완시키는 역할을 한다. 아무리 각자에게 불만이 많아도 처음 보는 거리의 풍경이나 맛본 적 없는 현지 음식 앞에서 굳었던 얼굴이 살짝 풀릴 수 있다. "어쩌면 이 사람이랑 아직도 웃을 수 있겠구나" 하는 깨달음은 그 자체만으로도 금이 간 마음을 조금씩 이어 붙일 실마리가 될 수 있다.

집이라는 물리적 공간을 벗어나는 일은 곧 갈등 상황을 잠시 멀리 놓고 바라볼 기회를 준다. 부부가 집 안에서 부딪힐 때는 냉장고 소리조차 신경에 거슬리고 TV 채널 선택 하나에도 서운함이 폭발할 수 있다. 그러나 여행지에선 그 모든 일상적 잡음이 일단 무대 뒤로 물러난다. 혼잣말처럼 스쳐 지나가던 한 마디도 낯선 호텔 침대나 바닷가 산책로에선 더 부드럽게 들리기 마련이다. 집 안에서 악순환처럼 되풀이되던 비난과 짜증 대신, "밥은 어디서 먹을까?", "저 골목에 뭐가 있을까?" 같은 가벼운 호기심을 나누게 되는 것이다.

물론 단순히 장소만 바꾼다고 해서 쌓인 갈등이 마법처럼 사라지는 건 아니다. 호텔 방에서 또다시 싸움을 벌이는 부부도 적지 않다. 그래서 중요한 건 여행을 왜 함께 가기로 했는가에 대한 자기 점검이다. 이혼 위기까지 온 부부가 여행을 선택했다면 그것은 적어도 "우리, 아직 완전히 포기하지 않았어"라는 무언의 약속일 수 있다. 여행 자체를 회복의 최후 시도로 삼았다는 것, 그 행위만으로도 둘은 마음 속에 최소한의 기대치를 공유한다. "지금 내게서 가장 밉게 보이는 이 사람이 집 밖에서 다른 모습이 있을지 모른다"는 희미한 희망이 두 사람을 이끈다고도 볼 수 있다.

집이란 공동체의 상징이다. 결혼 생활을 시작하면서 함께 들어온 신혼집, 아이가 태어나 자라는 모습이 담긴 거실, 숱한 추억과 갈등이 담긴 주방. 그 공간에서 벗어나 낯선 도시나 시골, 혹은 해외 어딘가로 떠나는 순간, 부부는 어쩌면 자신들이 어떤 세계를 함께 꾸려 왔는지가 더 명확히 보이기도 한다. 때로는 여행지에서 오고 가는 간단한 대화—"이 길 재밌어 보이지 않아?"—만으로도 상대방의 취향이나 감각을 다시금 발견한다. 예전엔 이런 자잘한 공감이 얼마나 소중했는지 새삼스럽게 깨달을 수 있다. 반면 도저히 여행지에서도 말이 안 통하고 서로에게 상처만 준다면 "이제는 정말 어렵겠다"는 결론을 더욱 명확하게 내릴 수도 있다. 한마디로 여행은 미뤄둔 갈등을 덮는 게 아니라, 충돌을 새로운 틀에서 평가하고 재조정할 기회인 셈이다.

이혼 위기 극복 수단으로서의 여행은 상처 입은 관계에 대화의 숨통을 다시 틔워 주는 작지만 강력한 계기라고 할 수 있다. 하루 이틀 정도의 여행이라도 좋다. 도망치기가 아니라, 좀 더 솔직하고 부드럽게 마주 앉아 볼 환경을 마련하자는 의도로 짐을 싸는 것이다. 여정 중에 크게 싸울 수도 있다. 그러나 집이 아니라는 이유만으로 혹은 주변 사람들의 시선이 없다는 이유만으로 의외의 방식으로 소통해 보려는 시도를 하게 된다. 뭘 먹을지 어떤 숙소가 괜찮을지 어디를 구경할지 함께 의논하다 보면 일상 속에선 너무 지쳐서 기피하던 대화가 부지불식간에 다시 오가게 된다.

물론 모든 부부가 여행 한 번으로 기적같이 회복되는 건 아니다. 현실적 고통과 배신감이 깊은 부부에게는 단순한 떠남이 미봉책처럼 보일 수도 있다. 하지만 최소한 "집을 벗어나 서로를 다른 각도에서 본다"는 발상은 이혼 직전의 부부에게 몇 번이고 권해볼 만하다. 서류를 갖추고 변호사를 찾기 전에 "정말 우리는 모든 가능성을 시도해 봤는가?"라고 자문할 수 있도록 이끈다는 점에서 의미가 있다. 설령 결국 결론이 같더라도, 함께 떠난 여행에서 확인한 진심과 대화는 훗날 "그래도 끝까지 노력했다"는 마음의 위안을 줄 수 있다.

함께 여행을 다녀오는 것은 집이라는 익숙하고도 지치는 공간에서 벗어나 서로를 다시 보고 새롭게 판단하려는 시도다. 결혼이 파탄나려 할 때 "이젠 대화가 통하지 않아"라고 말하기 쉽지만 다른 공간에 가면 의외로 대화의 문턱이 낮아질 수 있다. 혹은 "정말 안 되는구나"라고 두 사람 모두 체감한다면 최소한 큰 후회는 남기지 않은 결정을 내릴 수도 있다. 어느 쪽이든 중요한 건 부부가 서로에게 마지막 가능성을 열어 주는 태도다. 집에서 매일같이 반복되던 냉전이나 언쟁이 아니라 낯선 거리나 풍경 속에서 함께 걸으며 다시 한 번 마음의 문을 두드려 보는 것—이것이야말로 이혼 위기에 빠진 부부가 시도할 수 있는 작지만 꽤나 중요한 반전 카드다.

한 지붕에서 다시 찾는 거리

별거를 고민하는 부부들을 보면 "잠시 떨어져 지내면 서로 숨통이 트이지 않을까?"라는 희망을 품는 경우가 많다. 그런데 실제로 별거는 오히려 결혼 생활의 마지막 장을 재촉한다. 너무 자유로운 각자의 삶이 익숙해지다 보면 재결합이 아니라 이혼에 이르기 쉽기 때문이다. 물론 한집에 계속 머무른다고 무작정 문제가 해결되는 건 아니다. 하지만 별거라는 선택지를 덜컥 꺼내기 전에 먼저 부부가 함께 정해 볼 수 있는 최소한의 규칙들이 있지 않을까.

가령 서로가 싫어하는 행동을 피하는 것을 생각해 볼 수 있다. 이를

테면 저녁 식사를 강요하지 않는다거나 시댁이나 처가 이야기를 너무 깊이 꺼내지 않는다거나—이처럼 일상 속에 명확한 선을 긋는 방식이다. 별다른 생각 없이 매번 "당신 오늘 왜 안 먹어?"라고 잔소리를 하거나 무심코 "시댁에서 이러라던데?"라는 말을 반복한다면 이미 지쳐 있는 배우자 입장에서는 작은 문장 한 줄도 크게 상처로 다가온다. 그러나 부부가 애초에 "나 이런건 부담스러워"라고 솔직히 말하고 상대방이 하지 않을 리스트를 합의해 두면, 정작 집 안의 긴장감을 상당 부분 덜어낼 수 있다.

물론 부부 공동체에겐 물리적 거리만큼이나 심리적 거리가 중요하다. "웬만하면 물리적 분리를 하지 않는다"는 대원칙을 세우는 이유 역시 별거의 자유로움이 때론 관계 회복을 방해하기 때문이다. 겉으로는 "잠시 거리를 두면 서로 그리워지지 않을까" 싶지만 현실에서 월말부부(부부가 떨어져 지내며 한 달에 한 번만 만나거나, 주말부부보다 더 느슨하게 만나며 지내는 형태)의 생활이 길어지면 물리적 관계의 단절이 심해지고 서로에게 최소한의 관심마저 줄어들 가능성이 높다. 그렇게 가랑비에 옷 젖듯 재결합의 동력 없이 그저 편안한 싱글 라이프를 연장한 끝에는 이혼 절차를 밟게 되는 케이스가 훨씬 많다.

사실 육체적 친밀감 역시 애정의 근간이다. "몸이 멀어지면 마음도 멀어진다"라는 말이 전부는 아니더라도 물리적 스킨십이나 일상적 교류가 없을 때 결혼 생활을 이어 가는 명분이 약해지는 건 부정하기 어렵다. 별거로 인해 법적 혼인 상태는 유지하면서도 서로 독립된 생활을 오래 하게 되면 결혼 생활 자체가 무색해진다. 이때 "다시 돌아오면 살아 보자"라는 말은 대개 현실성이 떨어진다. 경험적으로 떨어져 살다가 극적으로 화해해서 결혼을 회복하는 케이스는 드물고 오히려 이혼으로 결론 나는 사례가 흔하다.

결국 "별거는 안되고, 차라리 규칙을 세워 보자"는 발상은 외형적으로는 사소해 보여도 관계 유지에 꽤나 실효성 있는 접근일 수 있다. 한 예로 저녁 식사는 서로가 원하면 같이 하고 그렇지 않다면 상대방에게 강요하지 않기처럼 자잘하지만 실천 가능한 조약을 만든다. 여기에 "시댁(또는 처가) 관련 이야기는 일주일에 한 번 이상 꺼내지 않는다"나 "주말엔 각자 필요한 휴식 시간을 방해하지 않는다" 같은 세부 조항을 추가해 보라. 의외로 대화와 갈등의 빈도가 확연히 줄어드는 효과가 생긴다.

물론 이런 규칙이 갈등의 근본을 해결해 주지는 않는다. 이미 감정의 균열이 깊다면 한두 번의 합의로 모든 문제가 사라지진 않을 것이다. 그러나 별거라는 극단적 처방 이전에 서로를 조금이라도 배려하며 한집에서 지내는 새로운 방식을 찾자는 것은 "그래도 아직 완전히 포기하진 않았다"는 의지를 반영한다. 그리고 그 의지가 남아 있는 한 작은 규칙 몇 가지라도 정해 실천해 볼 가치가 있다. 어쩌면 이 사소한 제도들이 물리적 관계의 끈을 완전히 놓지 않고 최소한의 애정과 관심을 유지하게 만드는 데 큰 역할을 할지도 모른다.

 혹시 결국 이혼으로 이어진다 해도 별거 대신 규칙을 세워 보며 노력했던 흔적이 남는다면 서로에게 더 적은 후회를 남길 수 있다. "우리, 별거는 하지 말고 한집에서 이렇듯 살아 보자고 합의까지 해 봤는데도 안 됐다"라는 결론이라면 서로가 감정적으로 충돌할 때도 "애썼지만 불가능했다"는 인정이 깔리기에 한결 완만한 마무리를 기대해 볼 수 있다. 반면 초기에 곧장 "이제는 지긋지긋하니 너 나가"라며 남남처럼 등을 돌리면 마음의 문을 완전히 닫는 속도가 훨씬 빨라지므로 소통이나 화해 시도마저 부재하게 된다.

 결혼이든 이혼이든 상대를 존중하고 자신을 보호하기 위해 마련하는 최소한의 규칙이야말로 극단적 선택을 늦추고 서로에게 다시금 대화의 기회를 부여하는 방안이다. 별거의 유혹이 크다고 해서 곧바로 실행해 버리면 물리적·정서적 단절을 되돌리기 훨씬 어려워진다. 이왕이라면 집 안에서도 갈등을 최소화할 작은 약속들을 세워 보고 각자 지키려 노력하는 단계가 먼저일 테다. 적어도 그 과정에서 "남이 싫어하는 일을 굳이 하지 않는다"라는 가장 기초적인 예의를 재확인한다면 어쩌면 "우리, 아직 끝나지 않았을 수도 있겠네"라는 희미한 희망이 솟아날지 모를 일이다.

돈이 결혼을 뒤흔들 때

 돈 문제로 갈등에 빠진 부부의 이야기는 흔하다. 하지만 그 양상들은 결코 단순하지 않다. 어떤 부부는 "돈이 너무 없다"는 이유로 싸우고 또 어떤 부부는 "돈이 많아서" 서로를 통제하거나 사치를 한다며 갈등이 생긴다. 애초에 결혼 생활에서 경제는 큰 축을 차지하기에 단순히 부족하거나 남는 것 이상으로 부부가 어떻게 쓸지 얼마나 허락할지를 두고 심각한 균열이 벌어지는 것이다.
 "돈이 너무 없어서" 생기는 갈등은 대체로 기본적인 생활비를 둘러싼 책임 공방으로 이어진다. 경제적 어려움 탓에 배우자가 취미 생활

이나 자기계발에 쓰는 지출을 무조건 낭비로 간주하기 쉽다. 예를 들어 한쪽은 월 10만 원짜리 헬스 비용도 아깝다고 여기고 다른 쪽은 "이 정도 투자도 못 하느냐"며 서운해한다. 이렇게 생활고 속에서 서로의 작은 지출까지 감시하다 보면 부부간의 신뢰가 무너지고 각자 불만이 축적된다.

2-3년 전부터 코로나를 거치며 직장을 잃거나 하고 있던 사업이 무너져 경제적으로 어려워진 가정들이 늘어났다. 이들은 수년을 버티다 법률 상담을 위해 찾아왔다. 당장의 소득이 없어졌던 순간은 그래도 어떻게든 버티고자 했는데, 가지고 있던 돈을 다 써버리고 나니 정말 더 이상 아무것도 남지 않았고 다시 재기해 볼 마음까지도 고갈되어 버릴 정도로 지쳐버렸다. 속상한 마음에 친구와 술 한잔 마신 것이 화근이 되었다. 고작 2만 8천 원짜리 카드 결제 내역 하나였지만, 남편은 아내가 경제적으로 어렵게 돈을 벌고 있는 자신을 믿어주지 않는다고 생각했고, 아내는 남편이 어려운 사정을 가볍게 생각하고 본인만을 위한다고 오해했다. 카드값이 나오는 날, 귀가가 늦어지는 날, 자녀 학원비를 내야하는 날마다 돈을 못 버는 상황을 상대방의 능력 부족, 노력 부족으로 치부하며 부부싸움이 이어졌고, 결국 이 부부는 가정 법원을 찾아가게 되었다.

돈을 벌지 못한다는 것은 엄밀히 말해 이혼 사유가 아니다. 다만, 부부간의 부양 의무를 저버리는 행위는 이혼 사유가 될 수 있다. 당장의 돈이 없지만 노력하는 배우자에게 돈을 못번다는 이유로 이혼을 요구하는 것은 법적으로 합당한 이혼 사유가 되지는 않는다.

반면 "돈이 너무 많아" 벌어지는 다툼은 다른 국면을 보인다. 풍족한 환경에서 누군가는 사치를 해도 된다 생각하고 다른 사람은 "방만한 지출은 문제"라며 억제하려 든다. 이때 돈을 많이 벌어 오는 배우자가 내 돈이니 마음대로 쓴다고 나오면 상대방은 소외감과 분노를 느끼게 된다. "재산이 우리 공동체의 자산인가 아니면 개인 자산인가?"가 불투명해지면서 한쪽이 숨겨 두고 쓸 수 있는 무대가 생기고 결국엔 불신이 깊어진다. 부부는 경제 공동체이다. 서로를 부양하는 의무는 단순히 챙긴다는 개념이 아니라 먹여 살린다는 의미가 깔려있다. 배우자가 아무리 돈이 많아도 쓰지 못하면 내 것이 아니다. 배우자가 죽어서 나한테 상속해주기만을 바라는 마음으로 평생을 살 수는 없지 않은가. 그런데, 실제로 자산과 소득이 평균 이상인 부부들 중에 한쪽 배우자가 많은 소득을 벌어들이거나 막대한 자산을 가지고 있는 경우가 있다. 오랜 기간 동안 '일정한 생활비만 주며 되는거지.'라는 마음으로 경제권을 지닌 한쪽은 쓰고 싶은대로 쓰면서 혼인생활 동안 배우자에게는 돈으로 통제하려 드는 경우도 있다.

한 남편은 생활비 이외의 돈은 일절 지급하지 않고 알아서 해결하라는 식으로 무심했고, 아내가 암에 걸린 상황에서도 기존대로 생활비만 지급하고 지급된 보험금 내에서 알아서 쓰기를 원했다. 오히려 남편의 소득, 자산은 아내에게 있어서 상대적 박탈감을 느끼게 하는 요소로 작용했다. 아내는 남편이 외도하고 있는 것을 알았고, 상간녀의 SNS 사진을 통해 상간녀에게는 명품 백도 아끼지 않고 사주었다는 사실을 알게 되었다. 아내는 그제서야 남편이 자신을 경제 공동체를 함께 꾸려나가는 일원으로 인정하지 않고 있었음을 깨달았고, 외도보다 더 큰 배신감을 느꼈다.

어느 쪽이든 뚜렷한 공통점이 있다. 바로 배우자의 자유를 전혀 보장하지 않으려 한다는 점이다. 돈이 부족할 때는 상대방의 모든 씀씀이를 죄악처럼 몰아붙이기 쉽고 여유가 넘칠 때는 한쪽이 재산 권리를 독단적으로 행사하며 상대방에게 경제적 압박을 가하기도 한다. 결국 부부의 갈등은 "네가 돈 관리를 잘하지 못한다. 넌 왜 내 마음대로 못 쓰게 하느냐"는 식의 다툼으로 격화된다. 애초에 결혼이 공동체라면 재정 운용도 함께 결정하고 서로가 자유를 누릴 틈을 주는 것이 핵심인데 그 균형이 무너진 셈이다.

그렇다면 어떻게 행동 교정을 해야 할까? 핵심은 적절한 자유를 보장한다는 원칙에 있다. 돈이 없을 때라도 배우자에게 완전히 네 몫은 0원이라거나, 용돈조차 없이 생활하라고 강요한다면 인간관계의 자존감이 송두리째 흔들릴 수 있다. 설령 상황이 팍팍하더라도 각자에게 쓸 권리를 어느 정도 인정해 주고 더 큰 지출은 협의하는 구조로 가야 한다. 비슷하게 돈이 많더라도 한쪽이 사치를 일삼거나 반대로 배타적으로 쥐고 흔드는 태도는 상대방의 권리와 자율을 침해한다. 만약 부부가 우리가 번 돈이니 각자 일정 부분 이상은 내역을 공유하고 꼭 필요한 부분 외에 남는 금액은 상대방을 존중해 준다는 식으로 약속을 세우면 적어도 불신과 감시는 줄어들 것이다.

이때 중요한 건 구체적인 합의 지점을 만드는 것이다. 단순히 "서로 자유롭게 씁시다"로 끝나면 다시 누가 많이 쓰느냐로 싸울 가능성이 크다. 예를 들어 생활 필수비, 저축(혹은 투자), 서로의 자유 용돈을 구분해 두고 월별로 정해진 금액 이상은 협의해 사용하도록 한다. 그리고 그 과정에서 상대방의 취향이나 목표를 존중하는 태도를 보여야 한다. 취미비 지출이 아무 소득 없는 낭비처럼 보여도 개인의 정서 안정이나 미래 성취에 의미있는 일 일 수 있다는 사실을 인정해야 갈등이 완화된다.

또 하나 기억할 건 재정 운용이 곧 "서로 얼마나 신뢰하는가"를 상징한다는 점이다. 한쪽이 "이 사람은 돈을 관리 못 해"라는 이유로 모든 결제수단을 빼앗아 버리면 상대방은 경제적 억압과 굴욕을 느끼게 된다. 반대로 "당신은 돈이 많기는 하지만 난 마음 편히 못 쓰겠어."라며 극단적 불안을 표출하면 실제로 돈이 많은 배우자도 내가 벌어 온 건데 왜 내 마음대로 못 쓰냐는 분노를 품을 수 있다. 결국 서로의 처지와 감정을 설명하고 일정 부분씩 양보하면서 자유권을 형성하는 과정이 필수다. 그 자유가 바로 우리는 하나의 경제공동체지만 각자 존엄과 선택권을 가지고 있다는 결혼의 건강한 기틀이 되어 준다.

결혼 생활은 돈이 없든 많든 언제나 재정적 긴장감이 흐를 수 있다. 하지만 갈등이 생길 때마다 "쓰지 마", "왜 쓰냐", "내 돈이다" 식으로 강압하는 대신 "이 금액은 네가 자유롭게 써도 좋아", "대신 큰 지출은 꼭 나와 상의해 줘" 같은 룰을 함께 정해 두면 의외로 다툼이 줄어든다. 이런 적절한 자유를 허용하는 태도가 곧 부부에게 필요한 행동 교정의 핵심이다.

재정 문제는 결국 신뢰 문제와 떼려야 뗄 수 없다. 사랑해서 결혼했어도 돈 때문에 서로를 의심하거나 통제하면 애정이 훼손되기 쉽다. 그러니 돈이 너무 없어도 너무 많아도 상대에게 삶을 결정할 자유를 남겨 주는 것—이 작은 원칙을 지킨다면 금전 갈등은 조금씩 완화될 수 있다. 그리고 부부는 돈 너머의 가치, 즉 서로의 행복과 성장에 다시 시선을 돌릴 여유를 찾게 될 것이다.

서로의 자유를 보장해야 진짜 함께 산다

결혼 생활에서 부부가 서로의 자기계발, 휴식, 사회 생활을 인정하고 보장해 주는 일은 생각보다 훨씬 중요하다. 이혼 사건을 대리하다 보면 특히 여성 의뢰인들이 "결혼 후 내가 사라져 버린 느낌"이라고 하소연하는 경우가 흔하다. 육아와 가사, 혹은 시댁·처가 문제에 치이며 정작 자신의 생활이나 취미, 커리어는 뒷전이 되는 상황이 반복되다 보면 결혼 생활에 대한 애착이 금세 무너진다. "존중받지 못한다"라고 느끼는 순간, 결국 이혼을 결심하는 것이다.

실제로 이혼 소송을 하게 된 여성 의뢰인들을 만나보면 그들 대부분은 오랫동안 자기 몫의 쉼이나 발전 기회를 박탈당해 왔다는 공통점을 보인다. 결혼 전에는 취미생활을 즐기고 학원이나 대학원 같은 자기계발에도 관심이 많았지만 결혼 후 육아 부담이 한쪽에만 집중되면서 완전히 자유를 잃어버린 것이다. 남편이 전업주부인 아내에게 "집에서 쉬잖아"라는 말을 하거나 맞벌이 상황임에도 육아와 가사를 독박으로 떠맡기면 어느새 아내는 내게는 개인 시간이 전혀 없는데 배우자는 자기하고 싶은 대로 사네라는 심한 소외감을 품게 된다.

문제는 이런 갈등이 단순히 가사 분담의 문제로만 여겨진다는 데 있다. 하지만 법적 갈등에 들어가 보면 현실은 훨씬 복잡하다. 대부분은 주말이나 저녁시간에 남편이 완전히 자기 시간을 누리는 동안 아내는 꼼짝없이 아이를 돌본다. 아내가 "잠깐의 휴식만이라도 달라"거나 "내 커리어를 위해 공부 좀 해 보고 싶다"라고 해도 배우자가 가정을 우선할 것을 강요해 버리면 금세 충돌이 발생한다. 결국 아내 입장에서는 "결혼 후 내가 존중받지 못하고 있구나"라는 자각이 깊어지고 이 과정이 누적되면 이혼을 결심하게 되는 것이다.

그렇다면 부부가 어떤 노력을 해야 할까? 핵심은 각자의 사회 생활, 쉼, 자기계발 기회를 제대로 보장하는 규칙을 만드는 것이다. 예를 들어 주말에 번갈아가며 아이를 돌보아 한쪽이 반나절 정도 자유시간을 갖도록 하거나 밤에 한두 시간씩 공부나 독서 시간을 절대 침해하지 않는 방침을 세우는 식이다. 이렇게 물리적으로 확보된 개인 몫이 있어야만, 상대방이 아이나 집안일을 책임지고 있다는 신뢰도 생긴다. 상대를 위해 희생한다는 느낌이 아니라 서로가 서로의 자유를 존중해 준다는 긍정적 감각을 맛볼 수 있다.

일을 하며 자주 느끼는 점은 "나도 사람답게 살게 해 달라"는 요청이 반복 거부된 끝에 파탄에 이르는 사례가 매우 많다는 사실이다. 한쪽은 계속 "언제까지 집안에 매여 있어야 하나"라고 외치지만 배우자가 마땅한 대책을 세워 주지 않으면 결국 "차라리 혼자 사는 게 낫겠다"는 심경이 깊어진다. 아이러니하게도 돈이 많은 가정이든 부족한 가정이든 문제의 본질은 배우자의 삶을 얼마나 존중하느냐에 달려 있는 경우가 많다. 경제력이 무제한에 가까워도 상대가 육아만 전담하고 자기 시간이 전혀 없다면 존중받지 못했다는 분노와 허무함이 똑같이 찾아오기 마련이다.

더욱이 사회 생활의 유지는 여성에게 더 절실하다. 경력이 단절되면 나중에 직장을 구하기 어려워지고 아이가 자란 뒤에도 근로 의욕이나 자신감이 크게 떨어진다. 이러한 현실을 잘 아는 이들은 배우자에게 "내가 잠깐이라도 일을 하거나 자기계발을 하도록 도와줘"라고 요청하지만 배우자 측이 "집에서 애나 보고 있지, 왜 나가려고 하느냐"라고 막아 버리면 실질적으로 도망칠 곳이 없다. 그런 답답함이 극에 달하면 결국 이혼소장만이 그 탈출구가 되어 버린다.

따라서 한쪽이 육아를 다른 한쪽이 경제활동을 집중적으로 맡는 상황이라 해도 서로 간에 최소한 주 몇 시간씩은 본인 생활을 보장한다는 구체적 약속을 세우고 지켜나가야 한다. 이때 단지 제도적 선언만으로는 부족하다. 실제 아이 돌봄 시간을 철저히 분배하거나 주변 지원(친정·시댁·베이비시터 등)을 활용해 배우자가 자유롭게 시간을 쓸 계기를 마련해야 한다. 그런 사소한 배려 속에서 "아, 이 사람이 내 생활을 정말 존중해 주는구나"라는 감각이 싹트고 그에 대한 감사와 애정이 다시금 회복되기도 한다.

결국 결혼은 서로가 함께하는 삶을 꾸리는 제도이지만 그 안에는 반드시 각자의 영역도 있어야 한다. 특히 아이를 돌보느라 몸과 마음이 지친 쪽에게는 사회생활이든 쉼이든 커리어 쌓기든 무언가 나만의 길을 열어 두는 일이 결정적으로 중요하다. 그래야 스스로 "난 결혼하고도 나 자신을 지키고 있구나"라고 느낄 수 있다. 그리고 그 나 자신이 있어야만 가족에게 헌신할 의욕도 유지될 수 있다.

이혼 전문 변호사로서 수많은 사례를 돌아볼 때마다, 결혼 파탄의 전조 중 하나는 상대를 단순한 가사·육아 담당이나 돈 버는 역할로만 치부하며, 개인의 욕구나 자유를 무시해 버리는 태도다. 그 태도가 누적되면, 결국 상대가 "내 존재는 사라졌다"라는 절망과 함께 이혼소장을 내는 경우가 많다. 반대로 서로의 자기계발이나 휴식, 사회 활동을 어느 정도 뒷받침해 준다면, 부부관계가 꽤 어려운 상황이어도 살아날 기회가 생긴다.

결론적으로 상대방의 자기계발·쉼·사회 생활을 보장해 주는 건 결혼 생활에서 선택적 사치가 아니라 필수적 투자에 가깝다. 인간으로서 존엄과 성장의 가능성을 여전히 인정받는 순간, 배우자는 비로소 다시 애정을 쏟을 동력을 얻기 때문이다. 그리고 그 동력이야말로 실제 갈등 속에서 부부가 함께 문제를 해결하고 또 생활을 이어 가는 진짜 힘이 된다.

회복의 길, "인정"

결혼 생활이 파탄에 이르는 가장 흔한 원인 중 하나가 바로 외도다. 실제로 외도를 겪은 부부들은 한쪽의 배신감과 분노가 극에 달해 이혼으로 치닫기가 쉽다. 그런데 의외로 외도로 인한 상처가 어느 정도 인정과 책임 덕분에 회복되어 결국 이혼을 하지 않은 긍정적 사례도 존재한다. 내가 이혼 전문 변호사로 일하면서 만났던 한 부부가 바로 그런 경우였다.

아내는 남편의 외도 사실을 우연히 알아챘는데 상간녀가 "네 남편이 네 욕도 하고 다녔어"라며 계속 도발하면서 아내를 더 큰 상처 속으로 몰아넣었다. 남편은 전형적인 부정의 단계 없이 바로 "내가 정말 잘못했다"고 실토했고 그 뒤 한결같이 자신의 잘못을 인정하며 아내 앞에 고개를 숙였다. 보통 외도 가해자는 초기에만 미안함을 표하고 어느 순간부터 "언제까지 그 일로 나를 몰아붙일 거냐"며 짜증을 내기 마련인데 이 남편은 달랐다. 상간녀 쪽에서 태도를 바꾸어 법정 다툼으로까지 몰고 가려 해도 남편은 지속적으로 자신의 외도를 시인했고 "아내에게 어떻게든 내 진심을 보여주겠다"는 태도를 버리지 않았다.

결정적으로 상간녀가 소송 과정에서 남편을 증인으로 신청하자 그는 주저 없이 법정에 나와 두 사람의 외도를 사실대로 증언했다. 회사에서 임원급 자리에 있던 남편이었기 때문에 공개된 장소에서 자기 과오를 낱낱이 드러내는 일은 몹시 자존심 상하고 치욕적인 행위였을 것이다. 그렇지만 그 힘든 과정을 기꺼이 감수함으로써 남편은 아내에게 "나는 아직 이 결혼을 지키고 싶다. 내 잘못을 끝까지 책임지겠다."라는 의지를 보여주었다. 아내는 처음에는 남편을 향한 배신감이 너무 커 "저 사람과 어찌 같이 살 수 있겠나" 생각했지만 실제로 남편이 법원에서 뻔뻔한 태도가 아니라 납작 엎드려 사실관계를 다 인정하고 돌아오는 모습을 보면서 마음의 불이 조금씩 누그러들었다. 상간녀와의 소송이 얼마간 이어지는 동안에도 남편은 "아내가 듣기 불편할 만한 증언이나 대화는 되도록 아내가 없는 상태에서 처리하도록 하겠다"고 배려했고 결국 두 사람은 이전처럼 끝없이 싸우기보다는 이 어려움을 함께 넘어서 보는 쪽을 택하게 되었다.

물론 아내 쪽에서 "이혼 하겠다"는 결심을 단숨에 거둔 것은 아니다. 남편의 외도가 가져다준 충격이 워낙 컸기 때문에 상담을 통해 심리적으로 지지받는 시간이 필요했고 상간녀와의 재판이 마무리되는 과정도 지켜봐야 했다. 다행히 남편이 소송 전반에 적극적으로 협조하고 수치심을 무릅써 가며 자신의 잘못을 계속 자인한 덕분에 아내는 "이혼이 아닌 회복의 길을 한 번 더 시도해볼 수 있겠다"고 생각을 바꾸었다. 배신에 대한 분노가 가라앉으려면 책임을 지는 쪽이 어느 정도 진정성을 입증해야 한다는 사실이 이 사건에서 명확히 드러났다고 볼 수 있다. 아내는 상간녀 소송에서 승소해 위자료를 받고 남편에게도 앞으로 부부관계에서 지켜야 할 규칙들을 세세하게 합의했다. 그리고 남편은 그 규칙을 부과된 벌이 아니라 "이혼 위기에서 벗어나 내가 다시 사랑받기 위해 노력해야 할 최소한의 약속"이라 여겼다.

소위 외도 회복 이야기를 하면, 주변에서는 "그걸 어떻게 용서하느냐"며 의아해하기도 한다. 하지만 결혼 생활이라는 건 때로 한 번의 외도만으로 모든 걸 끝낼 수도 있고 반대로 끝까지 자기 잘못을 부정하느라 더 큰 싸움이 될 수도 있다. 이 사례의 남편처럼 "내가 전적으로 잘못했다"는 태도를 일관되게 유지하고 고통스러운 증언 절차까지 감수하며 아내의 상처를 보듬으려고 한 것은 결코 흔한 케이스가 아니다. 그럼에도 이런 상황에서 극적 회복이 가능했던 건 외도의 가해자가 정말 인정하고 책임지려는 자세를 보여주었기 때문이다.

당연히 두 사람의 결혼 생활이 이전처럼 완벽하게 회복되었다고 단언하긴 어렵다. 아내에게 남은 상처가 완전히 사라질 리 없고 신뢰를 쌓는 데는 시간이 걸린다. 그럼에도 "결혼이라는 공동체를 그래도 지켜보고 싶다"는 마음이 가해자의 태도 변화와 맞물리면 의외의 회복 가능성이 열리기도 한다. 이혼이 아니라 함께 살아가자로 결론이 난 이 사례는 갈등을 해결하는 과정에서 가장 중요한 것이 "상대방을 기만하지 않고 물러설 지점 없이 책임을 지는 모습"임을 보여준다. 결국 두 사람은 부정할 수 없었던 외도의 상처를 한 번씩 다 마주보고 "우리도 한때는 진심으로 사랑했고 아직 그 마음이 완전히 사라지진 않았다"는 걸 확인했기에, 다시금 결혼 생활을 이어가겠다는 결정을 내렸다.

이러한 긍정적 사례는 무조건 이혼만이 답은 아니라는 점을 잘 보여준다. 외도 후 회복에 성공한 부부는 많지 않지만 가해자가 어떻게 책임을 지느냐 피해자가 얼마나 대화에 응해 줄 준비가 되어 있느냐에 따라 길이 열릴 수 있다. 이 사례에서 남편이 계속 "내 잘못"을 외치고 끝까지 아내에게 배려를 보였 듯 때로는 인정과 사과가 구체적이고 현실적인 회복 방법이 될 수 있는 것이다. 그리고 그렇게 서로가 다시금 대화를 택했을 때 결혼이라는 공동체는 의외로 무너지는 대신 한 단계 성숙해질 수도 있다. 물론 모든 외도가 이처럼 극적으로 수습

되진 않는다. 하지만 일단 문제를 솔직히 마주하고 진심으로 사과하고 책임을 지려 한다면 이혼 직전의 갈림길에서 "함께 계속 살아가자"라는 결론에 도달하는 부부도 분명히 존재한다.

사랑의 종말로서 존엄

6장

사랑만으로는 해결되지 않는 지점들

　살다 보면 우리 둘만 잘 노력하면 모든 걸 극복할 수 있다고 믿는 순간들이 있다. 하지만 이혼 상담을 하다 보면 간혹 그런 믿음이 통하지 않는 문제들을 마주하게 된다. 성도착증이나 망상장애처럼 의료적·정신적 치료가 필요한 상황부터 동성애처럼 개인의 정체성과 관련된 문제, 나아가 의처증·의부증처럼 근거 없는 의심에 사로잡혀 배우자를 괴롭히는 유형까지—이들 중 일부는 사랑과 의지로 바꿀 수 있는 범위를 한참 벗어나 있다.
　가장 대표적인 사례 중 하나가 성도착증이다. 결혼 전에는 티가 나지 않던 성적 취향이 이후 드러나 부부 생활을 유지하기 힘들 정도로 상대에게 부담을 준다. 일부는 "함께 병원에 다니면서 고쳐 보자"고 애쓰지만 본인조차 이를 치료해야 할 문제로 받아들이지 않는다면 결국 개선이 불가능에 가깝다. 이로 인해 부부가 심각한 갈등을 겪고 결국 파국으로 치닫는 사례가 적잖다.

망상장애 같은 정신적 질환도 마찬가지다. 객관적 현실과는 동떨어진 망상에 빠진 상태에서 배우자를 의심하거나 극단적 불신으로 몰아붙이는 사례가 많다. 상대방 입장에선 애정과 책임감으로 도와주려 하지만 본인이 문제를 인정하지 않고 치료를 거부한다면 무력감과 소진감이 심각하게 쌓이게 된다. 사소한 갈등을 감수하고서라도 결혼을 유지하고 싶어 하는 배우자들도 있지만 실제로 큰 변화를 이끌어 내기란 쉽지 않다.

또 한 가지 예는 동성애를 가진 배우자의 경우다. 이는 단순히 취향이나 일시적인 문제를 넘어선 개인의 성적 정체성이다. 동성애는 치료나 의지로 바뀌는 영역이 아니며 숨긴 상태로 결혼에 이르렀다면 상대방 배우자에게는 엄청난 배신감과 혼란이 찾아온다. 결혼 전 단계에서 솔직히 털어놓아 상호 합의를 할 수 있었다면 좋겠지만 그렇지 않은 상황이라면 두 사람 모두를 위해 이혼을 고려해야만 할 수도 있다.

비슷해 보이지만 결이 또 다른 것이 의처증·의부증이다. 외도가 없는데도 배우자를 끊임없이 의심하고 스토커처럼 감시하며 온갖 음모

론으로 몰아붙인다. "당신이 분명 다른 사람과 바람피우고 있다"라며 매사 증거를 찾으려 하거나 말도 안 되는 상황을 사실인 것처럼 여기고 폭언을 퍼붓는 식이다. 이 역시 전문가의 상담을 받고 노력할 수 있겠지만 본인이 문제를 인정하지 않는 한 진행 자체가 불가능하다.

 문제는 이처럼 일반적인 갈등을 넘어서는 경우 가해 당사자나 문제 당사자가 과연 "바꾸고 싶다"는 의지를 지니고 있느냐는 점이다. 성도착증이나 망상장애가 병원 치료·상담으로 호전될 여지가 있음에도 본인이 거부하거나 동성애처럼 바꿀 수 없는 정체성 문제를 억지로 부정하려 든다면 결혼 생활은 극심한 소모전이 될 수밖에 없다. 이런 상황에서 어떤 배우자들은 "그래도 사랑이니 끝까지 버텨 보고 싶다"고 하지만 장기적으로 심각한 상처와 고통을 감수해야 한다.

 결국 이런 특수한 문제에 직면했을 때 이혼을 결심하는 쪽이 결코 경솔한 것만은 아니다. 오히려 상대를 포기한다기보다 서로의 삶을 더는 파괴하지 않기 위한 선택일 때가 많다. 부부 모두가 치료나 변화를 시도하는 과정에서 실패했다면 무리하게 결혼 생활을 유지하는 것이 모두에게 해가 될 수 있다. 물론 한 번의 노력으로 쉽게 포기하기엔 아쉬움이 남을 테지만 시도 자체가 불가능하거나 장기적 개선 희망이 없는 상황이라면 이혼은 오히려 새로운 출발을 위한 용기일 수 있다.

 우리는 흔히 "사랑이면 모든 게 가능하다"라고 말하지만 실제론 개인의 정체성이나 정신적 상태는 상호 합의나 노력만으로는 해결되지 않을 때가 많다. 특히 동성 지향이든 심각한 망상이든 자유 의지로 고칠 수 없는 문제들이 존재한다. 이런 경우 배우자는 "왜 제대로 알려주지 않았느냐", "고칠 수 있다고 해서 결혼했는데 달라진 게 없지 않느냐"라는 울분에 시달리다 결국 극단의 결론에 도달하기도 한다.

그래서 한편으론 회복이 도저히 안 되는 관계라면 차라리 이혼이 차선이라는 시각도 있다. 어설프게 억지로 묶여 있음으로써 상대나 자신, 혹은 자녀에게까지 상처를 주는 것보다는 각자의 삶을 독립적으로 꾸려 가는 편이 더 나을 수 있다는 의미다. 당사자들은 종종 죄책감과 주변의 시선 때문에 이 결단을 미루지만 속으로는 이미 "이 관계는 더 이상 지속할 수 없다"는 생각을 품고 있는 경우가 많다.

결국 결혼 생활이란 둘이 함께 만들어가는 공동체이기에 한쪽의 노력만으로는 한계가 있다. 이런 특수한 상황에서는 사랑만으로 해결되지 않는 지점들이 분명 존재한다. "끝까지 책임져야 한다"는 압박이 오히려 자기파괴적이 될 수도 있다. 그러니 만약 성도착증, 망상장애, 동성 지향, 의처증·의부증과 같이 뚜렷한 원인이 확인되고 개선 의지마저 없는 상태라면 결국 이혼이 "관계를 마무리하고 각자 다른 길을 가는" 최소한의 해법이 될 수도 있다는 사실을 잊지 않아야 한다.

이혼 사유의 경계선, 어디까지인가?

이혼 상담을 하다 보면 "배우자가 술만 마시면 주사가 심해서 못 견디겠어요", "게임에 빠져서 집안일이 전혀 손에 안 잡혀요", "성격이 워낙 무뚝뚝해서 대화가 어렵습니다", "더러워서 같이 살 수 없어요" 같은 사연을 듣게 된다. 그런데 이런 사연을 접할 때마다 나는 두 가지 고민에 부딪힌다. 첫째, 과연 이것이 법적으로 이혼 사유로 인정될 수 있을 정도로 중대하냐는 점. 둘째, 실은 부부가 노력하면 충분히 해결하거나 극복할 수 있는 문제는 아닐까 하는 점이다.

우리 민법에는 이혼을 허락하는 재판상 이혼 사유가 크게 여섯 가지 규정되어 있다. 배우자의 부정행위, 악의의 유기, 배우자나 직계존속의 심각한 부당 대우, 생사 불명, 기타 혼인을 속하기 어려운 중대한 사유 등이 여기에 해당한다. 민법에서 정한 여섯 가지 이혼 사유 중 앞에 명시된 다섯 가지는 법률에서 구체적으로 명시되어 있어서 해당 사유가 존재하면 원칙적으로 이혼이 인정된다. 마지막 여섯 번째 사유는 추상적 표현을 사용하여 제1호부터 제5호까지 명시되지 않은 다양한 사유들을 포괄할 수 있도록 하고 있다. 다만, 구체적으로 명시된 다섯 가지 이혼 사유를 보더라도 개개인의 사안에 따라 판단할 여지가 다르다. 폭력이나 외도 같은 심각한 결함이 아니면 법원에서 쉽게 "이혼을 허락합니다."라고 결정하기 어렵다. 실제로 "부부 성격이 너무 안 맞아요."라든가 "게임·술·청결 문제로 갈등합니다."만으로는 재판까지 가면 판사가 성격 차이로 단정 짓고 이혼을 기각해 버릴 가능성이 크다.

예를 들어 남편이 게임에 빠져 살지만 그 정도가 집안 경제에 심각한 타격을 줄 정도가 아니라면 법원은 흔히 말하는 성격 차이나 생활 습관 불일치로 여기기 쉽다. 즉 엄연히 존재하는 불만과 갈등이라 해도 "재판상 이혼 사유로는 부족하다"라는 판단이 내려지곤 한다. "술만 마시면 중얼거리거나 주사가 심하다"는 부분도 폭력이나 중대 범죄로 이어지지 않는 이상 법적 이혼 사유로 인정받긴 쉽지 않다.

더군다나 법원은 이혼을 단칼에 허락하기보다는 먼저 "부부가 노력하면 충분히 회복할 여지가 있는지"를 주목한다. 주사나 게임, 무뚝뚝함, 청결 문제 같은 것은 정도가 심각해 가정이 완전히 파탄 날 정도가 아니라면 재판상으로 "스스로 해결해 보라"고 권고하는 식이다. 실제 상담에서도 명확하지 않은 이혼 사유를 들고 상담을 요청한 는 의뢰인에게 "혹시 중재나 상담을 통해 부부간 갈등을 완화해 볼 수 있는 여지가 있을까요"라고 물을 때가 많다.

물론 이런 갈등이 누적되면 성격 차이가 더 이상 경미한 문제가 아닌 지경에 이를 수도 있다. 주사가 단순한 술버릇이 아니라 폭행이나 생활 파탄으로 이어진다거나 게임이나 무뚝뚝함이 가정의 기능을 완전히 마비시킬 정도라면 얘기가 달라진다. 결국 핵심은 그 문제로 인해 혼인 관계가 실질적으로 유지 불가능하다는 정도가 입증되느냐 여부다. 단순히 짜증 나고 못마땅하다고 해서 재판으로 갈 경우 가정법원이 쉽게 이런 이유로는 "이혼하라"고 판결하지 않는다.

그렇기에 이혼 변호사 입장에서는 상대적으로 가벼운 갈등은 "재판까지 가서 인정받을 확률이 낮다"는 점을 분명히 말해 줘야 한다. 이런 문제로 괴로워하는 사람들에게는 오히려 부부 상담을 비롯한 다른 해결책을 권할 때도 있다. 스스로 대화하고 타협할 의지를 다져 보는 것도 방법이고 심리 전문가의 조력을 받아 보거나 양가 가족이 중재 역할을 해 줄 수도 있다. 단순 성격 차이로 인한 갈등은 극단적 불신이나 폭력이 수반되지 않는 이상 교정 가능성이 열려 있기 때문이다.

결국 "이혼은 딱 민법에 명시된 5가지 구체적 사유에 들어맞아야만 가능한가?"라고 묻는다면 꼭 그렇지는 않다. 민법 제840조 제6호 사유는 다른 다섯 가지 사유와 비교하였을 때 추상적으로 표현되어 있다. 민법 제840조 제1호내지 제5호 사유에 해당하지 않는다고 하더라도, 부부간의 애정과 신뢰가 바탕이 되어야 할 혼인의 본질에 상응하는 부부공동생활관계가 회복할 수 없을 정도로 파탄되고 혼인생활의 계속을 강제하는 것이 일방 배우자에게 참을 수 없는 고통이 되는 경우라면 법원은 민법 제840조 제6호 사유를 들어 추상적인 사유라도 종합적으로 고려해 이혼을 허락하기도 한다. 하지만 사회 통념상, 술·게임·청결·무뚝뚝함 같은 문제들은 중대 갈등으로 보더라도 여전히 노력 여지가 있다는 관점이 강하다. 이혼 법정에서 "그건 부부가 대화를 통해 얼마든지 고칠 수 있는 문제 아니냐"며 재차 설득당하는 일이 잦은 이유다.

물론 당사자 입장에서는 "내게는 그게 너무 큰 고통이다"라고 항변할 수 있다. 그런데도 법이 이혼을 쉽게 인정하지 않는 데에는 그만한 이유가 있다. 결혼은 한 번 들어섰다고 해서 언제든 간단히 끝낼 수 있는 제도가 아니며 경미한 갈등이라도 서로의 노력이 충분히 나아질 여지가 있다고 보기 때문이다. 혹여 현실에서 이혼 결심이 선다 해도 "과연 법률상 쉽게 받아들여질 사안인가"를 한 번쯤 점검해 보는 것이 중요하다.

주사·게임·무뚝뚝함·더러움 같은 갈등이 심각하다면 이혼을 고민하기 전 부부간 합의를 위한 다양한 시도를 먼저 해 보는 편이 훨씬 현실적이다.

"사소하지만 심각할 수도 있는 문제"라는 모순된 표현이 딱 들어맞는 분야가 바로 이런 애매하고 다양한 이혼 사유다. 정말 고치기 어려운 사례도 있지만 의외로 대화와 이해를 통해 중도 타협이 가능한 케이스도 많다. 부디 지나친 낙관도 섣부른 절망도 피하고 어느 쪽으로든 후회 없는 결정을 내릴 수 있기를 바란다. 최소한 법정 앞에서 "게임 때문에, 술버릇 때문에"라는 말이 나왔을 때 판사가 고개를 젓고 되묻는 상황만은 피하는 것이 좋지 않을까. 한 번 더 바라보고 한 번 더 대화하는 과정에서 그 갈등의 크기가 조금은 줄어들 수도 있기 때문이다.

부부 그리고 부모가 된다는 것

자녀가 있는 부부의 이혼이나 갈등 상황에서 아이는 종종 어른들의 정당성 확인 수단으로 활용되곤 한다. 법정의 복도를 지나가다 아이와 부모가 서있는 것을 봤다.

"엄마(아빠)가 잘못해서 우리가 이렇게 됐다."

"내가 너를 더 사랑한다."

아이들 귀에 이런 말이 직접·간접적으로 들릴 때, 아이는 둘 중 한쪽 편을 들어야 할 것 같은 심적 압박에 시달린다. 그러면서도 부모는 "내가 더 선한(또는 억울한) 쪽이었다."는 사실을 아이에게 인정받아야만 스스로를 정당화할 수 있다고 믿는다. 문제는 이런 구조가 반복될수록 아이의 눈에는 함께 가정을 꾸린 부모가 아니라 서로 상대를 비난하는 두 사람만 보인다는 점이다.

사실 아이들은 갈등의 원인을 정확히 알 수 없고 부모의 서로 다른 주장 사이에서 혼란을 겪는다. 한쪽 부모가 "네 아빠(엄마)가 외도를 했어.", "생활비를 제대로 안 줬어."라며 목소리를 높여도 아이 입장에서는 구체적으로 어떻게 대처해야 할지 알 길이 없다. 결국 아이는 사랑과 보호를 받아야 할 시기에 부모 갈등의 한가운데서 판단이나 편들기를 강요당하는 셈이 된다. 부모가 원하는 자신의 정당함은 잘 드러나지 않을뿐더러 오히려 아이의 정서가 불안정해질 가능성이 크다. 아이가 열 살쯤 되는 나이라면 스스로 엄마·아빠의 갈등을 조각조각 짜 맞추려고 애쓰기도 한다. 어디까지가 진실이고 누가 얼마나 책임이 있는지는 아이가 판단하기에 지나치게 무거운 문제다. 그럼에도 부모 중 한 사람이 "내가 옳다는 걸 네가 알아줬으면 좋겠다."라는 식으로 아이를 조종하려 든다면 결국 아이는 혼란과 죄책감을 동시에 떠안게 된다.

분쟁이 심화할수록 부모는 자녀를 통해 내 결정을 지지받고 있다는 확신을 받고 싶어 한다. "그래도 아이는 날 더 좋아하잖아.", "아이는 내 편이 되어줄 거야."라는 식의 기대가 바탕이 되어 양육권을 둘러싼 다툼이 더욱 치열해지기도 한다. 문제는 이런 정당성 확인 욕구가 자칫 아이를 협상 카드처럼 소모하는 결과를 낳는다는 것이다. 만약 이혼 소송에서 "누구 잘못으로 파탄이 일어났는지"가 중요한 쟁점이 되면 각자 나는 무고한 피해자다라는 점을 강조하기 위해 아이와의 관계를 증거 삼아 법원에 제시하기도 한다. 그 과정에서 아이의 감정과 입장은 두 번째, 세 번째 순위로 밀려나기 쉽다.

개인의 존엄과 양성의 평등을 기초로 한 가족제도란 가족을 구성하는 모든 구성원의 인격이 존중되는 것을 의미한다. 부부간, 부모와 자녀 간, 자녀 상호간에 모두 그 인격이 존중되고 평등한 지위에 있어야 한다. 이는 헌법 제10조(행복추구권)와 제11조(평등원칙)에 의해서 보장되는 것이지만, 헌법 제36조 제1항은 "혼인과 가족생활은 개인의 존엄과 양성의 평등을 기초로 성립되고 유지되어야 하며, 국가는 이를 보장한다."고 규정하여 다시 확인하고 있다. 혼인과 가족생활의 자유는 혼인으로 형성된 가족공동체 자체가 인간의 존엄성을 실현하고 행복을 추구하는 매우 중요한 영역이기 때문이다.

정말 중요한 것은 부모 자신의 억울함이나 분노를 아이에게서 풀어내는 일이 아니라 아이가 최대한 안정적인 삶을 지속할 수 있도록 함께 고민하는 태도다. 이혼을 하더라도 남는 것이 있는데, 바로 아이의 부모라는 사실이다. 예컨대 "정말 미안하지만 엄마(아빠)와 아빠(엄마)가 잘 지내지 못해 이렇게 됐어. 그래도 너를 사랑하는 마음은 똑같이 크단다"라는 식으로 아이를 현 상황의 심판자가 아닌 사건으로부터 독립된 존재로 바라봐야 한다. 아이가 갈등의 한가운데서 끊임없이 부담을 느끼기보다는 새로운 가족 질서에서도 자신의 감정과 일상을 지킬 수 있도록 어른들이 노력해야 한다. 이혼 하고자 하는 당사자의 존엄뿐만 아니라, 아이의 존엄도 반드시 생각해야 한다.

절대적 고의범, 폭력

 처음부터 배우자에 대한 직접적 폭행이 발생되는 사건보다는 욕설, 물건 던지기 등의 단계를 거쳐서 결국 신체적 폭력이 행사되는 사건이 훨씬 더 많다. 욕설과 폭언에 익숙해져 있는 배우자가 상대방이 던진 물건에 맞아 멍이 들고, 상대방이 부부 싸움 과정에서 밀치는 등의 신체적 접촉이 발생하였다면 그다음은 직접적인 폭력이 발생하게 될 개연성이 높아진다. 이 과정에서 상대방의 배우자가 용서를 구하고 재발방지를 약속 해서 한 두 번 용서해줬는데, 상대방이 부부 싸움을 할 때마다 폭행하여 매 맞는 아내, 매 맞는 남편으로 수년, 수십 년을 살게되는 피해자가 가정 내에 존재한다. 오랜 기간 배우자의 폭행에 두려운 마음으로 혼인생활을 유지해왔던 한 아내가 용기를 내어 경찰신고를 하고 남편과 분리조치가 되었는데, 이혼 청구를 하자 분노한 남편이 아내의 주거지를 찾아와 방화를 저지른 사건이 있었다. 방화가 미수에 그치긴 했지만 남편이 저지른 폭력의 정도가 심하고, 방화까지 시도한 것은 혼인파탄 사유를 따지기에도 너무나 명백한 사유가 되었기 때문에 아내가 제기한 이혼 소송은 변론 기일 2번 만에 이혼하는 것으로 마무리 되었다.

폭력이야말로 결혼 파탄을 부르는 가장 심각한 사유 중 하나라고 단언한다. 더욱이 폭력은 일회성으로 끝나기보다는 점진적으로 심화되는 경향이 있어 초기에 대수롭지 않게 넘겼다가 결국 극단적 파국에 이르는 사례도 적지 않다.

의뢰인은 극심한 폭행으로 이혼을 결심하고 나를 찾았다. 가사 조사 과정에서 피해자인 아내가 가해자인 남편과 함께 대면 조사를 받게 될 위기에 처했던 사건이다. 폭행 피해 사진, 경찰 신고 등 증거가 명확히 있었지만 조사관은 두 사람의 주장이 너무 다르다는 이유로 다음 조사에서는 둘이 함께 출석하라고 요구했다. 의뢰인은 가해자를 다시 마주한다는 것에 두려움을 느꼈고, 결국 나는 법원에 긴급하게 의견서를 제출해 추가 폭력의 위험성을 강조하며 분리조사를 요청하여 대면 조사를 피할 수 있었다.

폭력으로 인한 이혼 사건에서는 이혼 신청 이전부터, 이혼의 전과정에서 피해자를 보호하는 것이 최우선이다. 처음엔 물리적으로 느껴지지 않는 형태—이를테면 물건을 던지거나 상대방의 어깨를 쳐서 균형을 잃게 하거나 심지어 침을 뱉는 식의 행위—로 시작되는 경우가 많다. 그러나 이 작은 폭력이 계속 용인되다 보면 점차 목을 조르거나 칼을 들이대는 수준까지 올라가기도 한다. 애초에 폭력을 휘두르는 사람은 자기 행위를 쉽게 정당화하는데 흔히 "네가 이렇게 만들었다", "네가 화나게 했으니 내가 때린 것"이라며 책임을 전가한다. 이때 피해자 쪽은 "이게 정말 내 탓인가?" 하는 혼란에 빠져 신고나 대응을 늦추는 모습을 자주 본다.

문제는 폭력이 한 번 발생하면 한 단계씩 수위가 높아진다는 데 있다. 부부 갈등을 상담하다 보면 처음에는 "물건을 집어 던지며 위협했다" 수준이었다가 나중에는 얼굴이나 머리를 직접 가격하거나 흉기를 들이밀고 협박하는 사례로 번진다. 특히 가정폭력의 심각성은 외부인이 알기 어렵고 피해자 자신도 배우자의 "사랑한다"는 달콤한 말이나 사과에 쉽게 마음이 누그러진다는 점에 있다. 이렇듯 "별일 없겠지" 하고 넘어갔다가 어느 순간엔 실제로 생명을 위협받는 단계에 이를 수 있다. 가끔 언론에서 접하는 보복 살인이나 가정폭력으로 인한 사망 사건도 결코 남의 일만은 아니다.

데이트 폭력 역시 결혼 이전 단계에서 이미 폭력적 성향이 드러나는 전형적인 예다. 연애 시기부터 작은 폭행이나 감금, 협박이 발생하는데 그때마다 가해자는 "내가 널 너무 사랑해서 그랬다", "네가 날 화나게 했다"고 핑계를 댄다. 결혼 준비 중 갈등으로 폭력을 경험했음에도 혼례를 강행하는 경우 결혼 후 폭력이 훨씬 거칠어지는 패턴도 보인다. 결국 결혼 생활이라는 틀 안에서 법적·사회적 보호가 느슨해지고 "부부 문제는 둘이 해결하는 거 아니냐"는 분위기에 묻혀 폭력이 반복되는 것이다.

또 하나 주목해야 할 점은 흔히 폭력의 가해자를 남성으로 생각하기 쉽지만 '매 맞는 남편' 사례도 드물지 않다는 사실이다. 상대가 여성이라 해도 감정적으로 폭발할 때 꼬집고 때리며 물건을 내던지는 모습을 오래도록 참아온 남성 피해자들이 있다. 사회가 남성 피해를 잘 인정하지 않고 본인도 수치심에 신고조차 꺼려 하는 탓에 장기간 은폐되는 경우가 많은 것이다. 그러나 폭력의 양상은 성별을 가리지 않는다. 무력 행사 뒤에 찾아오는 상대의 사과나 눈물 섞인 '너 때문'이라는 책임 전가는 가정폭력 특유의 악순환을 낳는다.

여기에 더해 폭력을 휘두르던 쪽이 어느 순간 자해를 시도하거나 "내가 죽어버리겠다"고 협박하는 사례도 부지기수다. 본래 폭력을 행사하는 사람은 필요에 따라 무력과 협박을 오가며 상대를 심리적으로 묶어두려 한다. "이제 내가 스스로 목숨을 끊겠다"는 협박은 자기 행동을 합리화하고 피해자가 마음대로 헤어지거나 신고하지 못하게 하는 강력한 수단이 된다. 이 때문에 피해자는 나름대로 애정이나 미안함에 사로잡혀 오히려 가해자의 자살을 막으려 애쓰게 되는 역설적인 상황이 벌어진다.

이혼 소송 현장에서 폭력 문제가 얽힌 사건을 다루면 "그냥 일시적 격분이었겠지"라는 말을 곧이곧대로 믿기엔 위험하다는 것을 절감한다. 술에 취하거나 사업이 힘들어서 혹은 상대가 화나게 해서 등등 이유를 붙이지만 사실 어떤 이유로도 폭력이 정당화될 수는 없다. 오히려 초기에 문제를 인식하고 적극적으로 대처하지 않으면 갈등이 점점 커지면서 협의 이혼마저 불가능해지는 방향으로 흘러간다. 가해자가 "당신도 문제가 있다"는 식으로 맞서며 자해 협박까지 서슴지 않는다면 피해자는 본인뿐만 아니라 자녀의 안전을 위해서라도 신고나 접근금지명령과 같은 법적 조치를 고려해야 한다.

결국 폭력이 이혼의 3대 원인(외도·도박·폭력) 중에서도 가장 심각하다고 하는 이유는 단지 재산이나 심리적 배신감의 문제가 아니라 인간의 기본적 생존과 안전을 위협하는 행위이기 때문이다. 한 번 폭력이 수면 위로 드러나면 그만큼 결혼 생활이 평범한 대화와 타협으로 회복되긴 더 어려워진다. "네가 날 이렇게 만들었다"는 뻔한 책임전가 뒤에는 폭력이 당연해지거나 심화될 가능성이 농후하다. 실제로 목숨을 위협당한 사람이 소송을 결심할 때에는 "이대로 지내다가는 정말 사고가 날 수 있겠다"는 절박함이 엿보인다.

가장 안타까운 건 폭력을 당하는 쪽이 "괜찮아, 다음엔 안 그러겠지"라며 쉽게 용서하고 넘어가다가 훗날 큰 상해나 사망 사건으로 번지는 경우다. 물리적 힘으로 한 사람을 억누르는 행위는 이미 관계가 평등하지 않다는 증거이자 같은 안전장치 안에 살 수 없음을 의미한다. 데이트 폭력이든 결혼 생활 중 폭력이든 혹은 매 맞는 남편 사례든 폭력이 한 번 발생하면 점진적 악화라는 메커니즘을 타기 쉽다는 사실을 잊지 않아야 한다. 감정적 동요나 자살 협박조차 폭력의 일환으로 나타날 때가 많으니 본인은 물론 주변인들도 초기에 적극 개입하는 게 필수적이다.

아무리 아끼는 관계라도 물리적·정신적 학대가 시작되면 그 순간부터 이혼을 고민하지 않을 수 없다. 결국 가장 중요한 건 가해자가 자신의 폭력을 정당화하는 습관적 태도나 "내가 이 지경으로 몰렸기 때문이다"는 폭력의 합리화를 절대 용납하지 않는 것이다. 필요하다면 결혼 생활을 유지하는 것보다 법적·제도적 조치를 통해 배우자와 물리적으로 분리되는 편이 생존과 안전을 지키는 길이다. 한 번 폭력이 수면 위에 떠오른 관계에서는 두 사람이 동등한 위치에서 다시 대화와 신뢰를 쌓는 일이 거의 불가능하다는 걸 명심해야 한다. 결국 가정폭력은 파국으로 치닫는 갈등 중에서도 가장 긴박하고 심각한 사안이며 폭력을 경험한 배우자라면 그냥 한 번의 실수로 넘기기보다는 적극적인 보호와 지원 그리고 법적 조치를 모색해야 한다.

가장 잔인한 이혼 사유, 외도

상담실로 찾아온 여성 의뢰인은 초췌하고 수척해 보였다. 이야기를 들어보니 그녀의 남편이 사망한 지 정확히 49일이 되어, 전날 49제를 마치고 찾아온 것이었다. 처음에 그녀가 남편의 상속 문제 때문에 방문한 줄 알고 남편에게 빚이 많았는지 물었지만, 의뢰인은 뜻밖의 대답을 내놓았다. 그녀는 상간녀를 상대로 손해배상 소송을 하고 싶다고 했다.

의뢰인의 말을 들어보니 상황은 이랬다. 남편은 최근 행동이 부쩍 이상해졌다고 했다. 멋을 부리기 시작했고 퇴근 시간이 늦어졌으며, 의뢰인이 모르는 친구들과의 모임이 잦아졌다. 의뢰인은 남편의 외도를 의심했지만 남편이 집에서 다정한 남편, 아빠의 역할은 흔들림 없이 했기 때문에 남편에 대한 의심을 거두었다. 어느 날 남편이 차 안에서 스스로 생을 마감했다는 전화를 한 통 받으며 모든 것이 바뀌었다. 남편의 사망 이후 의뢰인은 남편의 신변을 정리하다 이상한 점들을 발견했다. 남편의 핸드폰에는 특정한 번호로부터 수신된 문자, 전화내역이 확인되었다. 자동녹음 되어 있던 남편의 통화내용을 듣고 의뢰인은 망연자실하였다. 의뢰인의 의심대로 남편이 바람을 피우고 있었다. 다만 남편이 상간자와의 관계를 정리하려고 했었으나, 바람을 핀 상대방이 남편에게 되려 이혼을 요구하면서 관계를 이어가기를 원했다는 정황이 확인되었다. 상간자가 남편의 배우자인 의뢰인에게 외도 사실을 알리겠다고 협박하자 남편은 불륜관계가 배우자인 의뢰인에게 알려지게 될 수도 있다는 심적 압박을 느끼고 스스로 생을 마감한 것이었다.

의뢰인은 극심한 충격을 받았다. 오랜 시간 결혼 생활을 이어왔고 자녀들도 다 성인이 되어 남편과 은퇴 이후의 삶을 함께 즐기기 위한 계획을 하고 있었다. 남편이 이렇게 갑작스럽게 사망했다는 것도 믿기 어려운데, 남편이 바람을 피우다가 사망했다는 사실은 너무나 고통스러운 일이었다. 더 괴로운 것은 분노와 슬픔을 쏟아낼 대상인 남편이 이미 세상에 없다는 것이었다.

의뢰인은 처음에는 상간녀를 직접 찾아갈 생각도 했다. 하지만 자녀들이 만류했고, 그녀 자신도 직접 만나면 더 큰 정신적 충격을 받을 수 있다는 판단을 하게 되어 결국 변호사에게 사건을 맡기기로 했다.

나는 의뢰인이 상간녀를 만나지 않은 것은 현명한 선택이었다고 조언했다. 변호사의 경험상, 배우자의 외도를 알게 된 직후 호기심이나 분노로 인해 상간자를 직접 만나는 경우가 많지만, 그로 인해 오히려 더 큰 고통을 겪는 사례가 많았기 때문이다.

소송은 수월하게 진행됐다. 상간녀는 이미 사건이 밝혀졌고, 함께 불륜을 저질렀던 의뢰인의 남편이 사망한 상황이었기 때문에 적극적으로 대응하지 못했다. 법원은 의뢰인이 청구한 손해배상금을 모두 인정했고, 의뢰인은 금전적인 배상을 받을 수 있었다.

의뢰인은 상간자 손해배상 소송을 통해 정신적 충격에 대한 금전적 배상을 일부 받았지만 배우자로부터는 영원히 어떠한 사과도 받지 못할 것이며, 배신에 대한 용서를 할 기회조차 갖지 못하게 될 것이다. 외도가 잔인한 이유는 혼인관계의 근간을 이루는 신뢰를 산산조각 내버린다는 데에 있다. 숱한 상간자 손해배상 소송을 대리하며 다양한 외도의 모습을 보지만, 결국 그 모든 것은 외도의 형태와 기간과 상관없이 배우자의 마음을 부수고, 신뢰를 깨뜨리는 결과를 가져온다는 것을 안다.

외도는 결혼 생활을 뒤흔드는 가장 치명적인 파탄 사유 중 하나다. 많은 이들이 "한 번쯤은 용서하겠다"라며 참고 넘어가기도 하지만 그

한 번이 가져다주는 상처조차 쉽게 잊히지 않는 것이 현실이다. 처음에는 "그래도 가정을 지키고 싶다"는 마음으로 일단은 참아 보지만 그 뒤에 외도가 또다시 반복된다면 결국 돌이킬 수 없는 파국으로 이어지는 경우가 대부분이다. 폭력이 그렇듯이 외도 역시 한 번으로도 지우기 힘든 상처를 남기며 그 상처가 반복되는 순간 부부관계가 송두리째 무너져 버린다.

실제 상담 현장에서도 "첫 외도 사실을 알았을 때는 아이도 있고 가정도 지키고 싶어서 그냥 넘어갔어요"라고 고백하는 의뢰인을 자주 만나게 된다. 그러나 그 뒤에도 배우자가 똑같은 행동을 되풀이하면 피해자의 배신감은 점점 깊어져만 간다. 일종의 트라우마가 되어 만날 때마다 혹은 연락이 잠시라도 닿지 않을 때마다 불안에 시달리는 것이다. 폭력이 "한 번" 발생해도 크게 다치고 두려워지는 것처럼 외도도 단 한 번으로도 씻을 수 없는 기억이 박혀버려 관계가 원점으로 돌아가긴 쉽지 않다.

또 다른 특징 중 하나는 외도가 발생했을 때 바로 이혼을 결정하지는 않고 상간 소송만 진행하려는 사람이 적지 않다는 점이다. 이는 외도 상대방에게 법적 책임을 물어 손해배상을 받거나 정신적 피해에 대한 위자료를 통해 부당함을 만회하고 싶어 하는 심리가 반영된 결과다. 정작 배우자와의 관계는 유지하되 "외도를 한 당신도 잘못이지만 유혹한 상대도 죄가 크다"라는 식으로 책임을 물어 상간자를 향해 분노를 표출하는 것이다. 이 방식은 간혹 "한 번은 이렇게 경고를 주지만 그다음은 외도하지 않은 것"이란 희망으로 선택되기도 한다. 그러나 상간 소송을 제기했다고 해서 배우자가 진정으로 뉘우치고 회개할지는 별개의 문제다.

만약 외도가 반복된다면 결국 피해자의 감정은 가혹할 만큼 상처 입고 무너진다. 폭력이 첫발을 내딛은 뒤 반복될 때마다 점점 수위가 높아지듯 외도도 같은 상처가 거듭될수록 신뢰가 회복 불가능한 지경에 이른다. 한 번 배신당한 기억은 쉽게 치유되지 않는데 같은 이유로 다시 배신을 겪게 되면 "이제는 더 이상 이 사람을 못 믿겠다"라는 결론에 도달하기 마련이다. 그러면 그 순간부터는 이혼이나 별거 쪽으로 방향을 잡고 남겨진 문제는 재산 분할·위자료·양육권 등 복합적 사안이 되어 법적 싸움으로 번진다.

외도가 폭력과 비슷한 양상을 띠는 이유는 둘 다 다시는 원점으로 돌아갈 수 없을 만큼 상대에게 깊은 상흔을 남긴다는 데 있다. 배우자는 가해자에게 "한 번쯤이야 실수였다고 쳐도 두 번은 용납할 수 없다"라며 절망감과 분노를 드러낸다. 한 번 받은 상처도 아물지 않았는데 반복된 배신은 회복의 여지를 완전히 차단하는 셈이다.

그렇다면 외도 문제를 어떻게 풀어가야 할까? 우선 단 한 번이라도 외도 사실이 드러난 경우 "이걸 과연 내가 극복할 수 있을까?"를 스스로에게 진지하게 물어야 한다. 단순히 "가정을 위해 참는다"는 이유만으로 덮어 두면 상처가 누적된 채 폭발하기 쉬우며 이후 다시 외도가 발생했을 때 더 큰 절망감을 안고 헤어지게 된다. 외도가 확인된 시점에서 배우자가 진심으로 반성하고 재발 방지를 위한 노력을 기울이는지 사과와 신뢰 회복에 대한 의지가 있는지를 냉정하게 살펴보아야 한다. 그리고 그 의지가 확인되지 않는다면 너무 늦기 전에 법적 절차를 통해 확실히 관계를 정리하는 편이 나을 때도 있다.

물론 상간 소송만으로 일단 숨통을 틔워 볼 수 있다는 선택지는 존재하지만 근본적으로 배우자와의 문제를 해결하지 못한다면 그 효과는 제한적이다. 외도는 폭력과 비슷한 유형이라서 피해자 입장에서는 한 번으로도 큰 고통을 받는다. 이를 반복하는 가해자에게 세상 어떤 위자료나 손해배상이 주어진다 한들 이미 박힌 상처와 신뢰 파괴가 근본적으로 치유되기는 어렵다.

결국 결혼 생활에서 외도가 터졌다면 그 파장을 가볍게 보는 건 금물이다. 한 번을 참고 산다고 해도 가슴 속에 남은 상처는 쉽게 지워지지 않고 같은 일이 반복될 경우 부부는 더 큰 파국으로 치닫는다. 폭력에 대처할 때처럼, "이 일은 진짜 심각하다"는 인식이 있어야만 회복 가능성을 논해 볼 수도 있다. 그리고 그 회복이란 가해자든 피해자든 진심 어린 사과와 책임, 그리고 장기적인 신뢰 재구축이 함께해 줘야 가능하다. 그렇지 않다면 이혼이라는 최후의 결단에 이를 가능성은 훨씬 높아질 수밖에 없다.

개인의 중독, 공동의 피해

중독은 한 사람의 인생을 파괴하는 동시에 그 가족까지 불행으로 이끈다. 이혼 소송을 통해 게임 중독, 알코올 중독, 음란 채팅 중독, 쇼핑 중독 등 여러 형태의 중독으로 인하여 가정을 등한시 하는 사례들을 보았다. 게임 중독이나 쇼핑 중독은 큰 빚을 지게하기도 하고, 알코올 중독은 직장까지 잃게 만든다. 이혼 사건에서 문제가 되는 중독은 질병의 일종으로 그 수준이 대화나 설득을 통해 해결될 수 없을 정도로 심각한 수준을 말한다.

한 부부는 아내의 부모님이 물려주신 사업체를 운영하며 알뜰하게 살았다. 남편은 안정적인 소득이 생기자 쉬는 시간마다 핸드폰을 이용해서 인터넷 도박을 했고, 그 결과 수천만에 달하는 제2금융권 대출까지 생겼다. 아내가 남편의 도박 중독을 알게 된 건 집으로 날아온 채무 독촉 안내장 때문이었다. 아내의 부모님과 남편의 부모님은 남편에게 심리상담, 정신과 진료를 받아보는 것을 조건으로 남편의 도박 중독으로 인한 빚을 함께 갚아주었다. 하지만 남편은 두 번 정도 진료를 받고는 다시 도박 중독의 길로 들어섰다. 법원에서는 도박 횟수가 많지는 않지만 남편이 도박 중독으로 인해 가족에 대한 부양의무 및 협조의무를 이행하지 않아 악의로 다른 배우자 일방을 유기한 것이라고 판단하였다.

중독은 단순히 본인의 문제로 보아 혼인파탄 사유로 인정될 수도 있겠으나, 중독으로 인해 가족에 대한 부양의무가 오랫동안 이행되지 않는다면 이는 '악의'의 유기로도 판단될 수 있다. 여기서 '악의의 유기'란 정당한 이유 없이 부부로서의 동거·부양·협조의무를 이행하지 않고 다른 일방을 버리는 것을 의미한다. 대부분의 중독은 당사자의 적극적인 의지가 없다면 가족들이 아무리 노력한다고 한들 좋아지지 않으며, 가정 경제를 파탄내고, 부부간 신뢰를 훼손한 후에야 이혼에 이르게 된다.

약물에 관한 문제도 다르지는 않다. 일상에서 마주하는 모든 이별이 가슴 아프지만 특히 마약으로 인한 파탄을 마주할 때면 복잡한 감정이 교차한다. 폭력이나 외도, 도박 문제와는 또 다른 무겁고도 파괴적이다. 의뢰인들은 "저 사람, 원래 그런 사람이 아니었어요"라고 입을 모은다. 문득 그 말 한마디에 아직 다 꺼지지 않은 믿음과 애정이 어린 흔적을 발견하게 된다.

처음 내 앞에 앉은 부부의 모습은 평범했다. 육아, 집안 일, 재정 문제로 다투다 지친 흔적이 얼굴에 스며 있었다. 하지만 자세한 내막을 들여다보니 남편이 마약에 손을 댄 지 이미 일 년이 넘었다고 했다. 그간 아내는 아이의 앞날이 걱정되어 이번 한 번만 참아보자고 스스로를 달래 왔다. 남편이 경찰에 적발되기 전까지 아내는 줄곧 울분을 삼킨 채 도움의 손길을 내밀었지만 결국 남편은 약물의 수렁에서 빠져나오지 못했다.

이혼을 고민하는 아내는 나지막한 목소리로 "그래도 완전히 버릴 수는 없을 것 같아요"라고 했다. 마약에 빠진 사람을 끝까지 붙잡고 싶지만 가정이 망가지는 것을 지켜보는 것도 한계가 있었다. 그런 아내의 모순된 마음을 비난할 수 있는 사람이 있을까. 내가 해줄 수 있는 일은 법률가의 시각으로 아이와 아내가 안전하고 보호받을 수 있는 길을 안내하는 것이었다.

마약 중독의 무서운 점은 당사자의 건강 문제만이 아니라 가족 전체의 삶을 깊은 수렁으로 함께 끌고 들어간다는 데 있다. 정신을 온전히 지배하는 중독은 폭력, 범죄, 재정적 파탄으로 이어지기 쉽고 결국 법률이 개입해야 하는 상황까지 치닫는다. 가족들은 경찰 조사가 진행되거나 가압류·가처분 같은 단어가 난무하는 현실에 직면하고 나서야 사태의 심각성을 체감한다.

어떤 이들은 "마약 사건이면 차라리 소송이 수월해지지 않을까요?"라는 순진한 물음도 던진다. 그러나 이혼은 늘 사람과 사람의 관계를 다룬다. 법정에서 "상대방이 마약 중독자"임을 입증하면 판결은 수월해질 수 있다. 하지만 그보다 먼저 중독으로 인해 파괴된 신뢰와 감정을 어떻게 다룰 것인가가 숙제로 남는다. 한때는 가족이자 배우자였던 사람을 서류 한 장으로 외면해 버릴 수는 없기에. 실제로 소송 과정에서도 마약에 빠진 배우자를 마지막까지 걱정하는 모습이 종종 목격된다.

"만약 이 사람이 치료받아 다시 예전으로 돌아온다면 나는 이혼을 후회하지 않을까?"

아내들이 혹은 남편들이 끊임없이 던지는 질문이다. 마음 한 켠엔 여전히 아슬아슬한 미련이 피어나지만 현실은 잔혹하다. 중독은 전문적인 치료와 꾸준한 의지가 없으면 극복하기 어렵고 그 고비를 함께 건너려면 가족 또한 크나큰 희생을 감수해야 한다.

내가 목격한 수많은 이혼 사건 중 희망과 구원을 발견할 때도 있다. 어떤 이들은 끝까지 포기하지 않고 배우자의 재활 치료 과정을 곁에서 돕고 함께 재기의 발판을 마련하기도 한다. 물론 그 길이 모든 부부에게 허락되는 건 아니다. 오히려 대부분은 최종적으로 갈라서기에 이른다. 그리고 그 과정에서 서로의 상처가 깊어져 더 이상 돌아갈 수 없는 지점에 다다르기도 한다.

하지만 이혼이라는 제도는 가끔 가족을 살리기 위해서도 필요한 선택이 된다. 배우자가 범죄나 중독으로 돌이킬 수 없는 길을 택했을 때 남은 가족이 안전하게 보호받아야 할 최소한의 장치가 바로 법이다. 부부가 아닌 법률가로서 나는 그들의 슬픔을 덜어주진 못해도 적어도 안전한 출구를 안내하고 싶다. "내가 떠나주면 이 사람이 스스로 깨달을 수 있지 않을까."라는 절망적 희망조차 법정에서 사무적인 문장으로 바뀌어 기록된다.

가끔 밤늦게 사무실을 정리하며 이런 상상을 해본다. 만약 이 세상에 마약이 존재하지 않았다면 그토록 애틋하게 서로를 위하던 두 사람이 이렇게 갈라지는 일은 없었을 텐데. 나는 다만 이미 진행 중인 비극이 더 이상 무너져 내리지 않도록 힘을 보탤 뿐이다. 이 글을 통해 누구도 마약 앞에서 무너져서는 안 된다는 간절한 바람을 전하고 싶다. 다시 한 번 애정과 신뢰가 얼마나 소중한 것인지를 그리고 그것이 중독의 어둠 속에서 얼마나 쉽게 부서져버리는지를 깨닫는다.

결혼의 모양

섹스리스, 가볍지 않은 부부의 고민

현대사회에서 섹스리스는 결혼 생활을 둘러싼 중요한 화두 중 하나로 부상했다. 흔히 부부 생활에서 성은 결속감을 높이고 친밀도를 유지하는 주요 수단으로 인식된다. 그런데 결혼 후 시간이 흐르며 서로의 삶이 바빠지거나 피로·스트레스·육아 부담 등이 겹치면서 부부가 점차 성적 접촉을 줄여 가는 현상이 늘어나고 있다. 이처럼 오랫동안 성생활이 없거나 극도로 줄어드는 상태를 섹스리스라고 부른다.

어느 아내는 남편이 몇 년 동안 성관계를 이유 없이 거부하자 이혼을 원했다. 처음에는 아내도 대화를 통해 문제를 해결하려 노력했지만, 지속적인 거부로 인해 결국 관계 개선을 위한 시도조차 멈추게 되었다. 이에 아내는 이혼소송을 제기했지만, 남편은 부부관계를 자주 갖지 않는 것은 일반적인 일이라며 이혼에 반대했다. 법원은 이런 사건에서 부부관계가 없는 기간 자체보다 왜 부부관계가 없었는지, 그 외 혼인 생활의 다른 측면이 정상적으로 유지되었는지 등을 면밀히 검토한다. 만약 남편이 부부관계를 거부한 이유가 직장 스트레스였고 그 외 일상생활에는 큰 문제가 없었다면, 이혼 청구가 기각될 가능성이 높다.

반대로 또 다른 사례에서는 결혼 후 2년간 남편의 성기능 장애로 인해 성관계가 전혀 없던 신혼부부가 있었다. 아내 측 부모까지 나서서 치료를 권했지만 개선되지 않았고, 결국 아내가 이혼 소송을 제기했다. 법원은 부부간 성관계가 혼인의 본질적 요소임을 인정하지만, 전문적인 치료와 노력으로 개선될 가능성이 있는 경우에는 이혼 사유로 보기 어렵다며 결국 이 사건도 이혼 청구를 기각했다.

당연히 섹스리스 자체가 불법이거나 사회적 비난의 대상은 아니다. 또한 모든 부부가 결혼 생활 내내 정기적으로 성생활을 유지해야 한다는 법률 규정도 없다. 그러나 문제는 이 상태가 오랫동안 이어질 경우 심리적·정서적 거리감이 깊어질 수 있다는 점이다. 물리적 친밀감을 잃으면서 대화와 감정 교류도 점차 줄어들고 이로 인해 "우리는 왜 같이 살고 있지?"라는 근본적 회의감으로 이어지는 부부들이 적지 않다.

한편 섹스리스가 결혼생활 파탄의 직접적인 법적 사유로 곧바로 인정되지는 않는다. 예컨대 민법상의 재판상 이혼 사유에는 성격 차이나 섹스리스를 명시적으로 포함하지 않는다. 다만 장기간에 걸쳐 배우자의 회피나 거부로 성생활이 완전히 단절되었고 그로 인해 부부관계가 심각하게 파탄에 이르렀다는 사실이 입증된다면 혼인 지속이 불가능하다는 판단을 받을 수도 있다. 하지만 이는 실제 법정에서 복합적인 갈등(정서적 단절, 생활 태도, 기타 문제)과 함께 다루어지는 경우가 대다수다.

섹스리스 현상이 단순히 "부부가 바빠서"라는 이유로만 발생하는 건 아니다. 심리적 압박감이나 스트레스, 건강 문제, 출산이나 육아 이후의 몸과 마음 변화 등 다양한 요인이 복합적으로 작용한다. 여성이나 남성 중 한쪽이 특정 질환을 앓고 있을 수도 있고 혹은 외부의 충격(가정 불화, 직장 스트레스 등) 때문에 성적 욕구 자체가 크게 위축될 수도 있다. 정신적 요인으로 인해 한쪽이 배려를 바라지만 다른 한쪽이 이를 인지하지 못하는 사소한 불통이 쌓이면 섹스리스가 고착화되기도 한다.

이처럼 섹스리스는 신체적·심리적·사회적 요소가 얽힌 문제이기에 단순히 "우리 부부는 관계가 없다"라는 진술 하나로 모든 상황을 단정 짓기는 어렵다. 더욱이 전통적인 성 역할 개념이나 부부관에 따라 섹스리스를 단순한 사생활 문제로 여겨 주변에 털어놓지 못하고 혼자 괴로워하는 이들도 많다. 그 결과 부부간 대화 없이 장기간 방치되어 관계가 더 악화되거나, 한쪽이 오해와 서운함을 키우다 극단적으로 외도·이혼을 결심하는 사례도 드물지 않다.

그렇다고 섹스리스가 곧바로 결혼생활의 실패를 의미하는 건 아니다. 실제로 서로 동의하에 섹스리스 상태를 유지하면서도 안정된 결혼생활을 영위하는 부부들이 존재한다. 성적인 접촉 자체보다는 생활 파트너로서의 유대나 정서적 교감을 더 중시하는 경우다. 문제는 한쪽이 간절히 원하지만 다른 쪽이 거부해 갈등이 고조될 때 혹은 섹스리스 상황이 서로 간 소통 단절의 상징으로 굳어질 때다.

결국 이 문제가 진지한 갈등으로 번지기 전에 부부가 서로의 처지와 감정을 솔직하게 드러내고 조율해야 한다. 때로는 전문 상담(부부 상담, 성(性) 전문 상담 등)을 받아 보는 것도 도움이 된다. 섹스리스 상태를 무작정 죄책감이나 수치심으로 덮어 두기보다는 "왜 우리 관계가 이렇게 된 걸까"라는 근본 질문에 답하려는 노력이 필요하다는 의미다.

현대 사회에서 섹스리스 문제는 단순한 사적 고민이 아니라 결혼생활의 안정성과 행복을 가늠하는 중요한 지표가 되기도 한다. 바쁘고 힘든 일상 속에서 부부가 함께 머리를 맞대고 협력해 갈등을 풀어 가려는 의지가 있다면 섹스리스 역시 해결 혹은 타협점을 찾을 수 있는 하나의 관계 과제로 볼 수 있다. 하지만 이를 방치하고 회피해 관계가 점점 형식적으로만 남아 버린다면 결국 이혼을 고민하게 만드는 중요한 요인으로 떠오를 가능성이 높다.

결론적으로 섹스리스는 흔히 생각하는 것보다 훨씬 복합적인 사회·심리·건강 이슈와 맞물려 있으며 당사자 간의 충분한 대화와 이해가 필요하다. 결혼은 단순한 성적 결합 이상이지만 실제로 성적 친밀감이 약화되면 전체적인 부부 관계마저 흔들릴 수 있다는 점에서 가볍게 볼 문제가 아니라고 하겠다.

시부모님, 존중의 경계

　결혼이라는 공동체에 추가 가족이 개입된다는 사실은 전통적으로도 쉽지 않은 문제였지만 요즘엔 더욱 복잡해지고 예민해졌다. 시부모(혹은 처가) 중에는 자기 자식을 소유물처럼 여기며 며느리나 사위를 대등한 가족 구성원이라 인정해 주지 않는 경우가 의외로 많다. 이때 가장 뼈아픈 문제는 정작 배우자가 "부모님이 원래 좀 그런 편이야. 그냥 이해해 줘"라며 방관해 버릴 때다.

　예를 들어 시부모가 결혼한 자녀 부부의 집에 무단으로 들어오거나 사소한 생활습관까지 일일이 간섭하려 드는 사례를 볼 수 있다. "집은 우리 애가 마련한 거니까 마음대로 들락거려도 된다"는 식으로 생각하고 며느리(또는 사위)가 꾸려 놓은 생활 패턴을 무시해 버린다. 어떤 이들은 씻고 자는 시간부터 냉장고 정리 방식, 아니면 아이 양육법까지 시시콜콜 지적하며 조금이라도 마음에 들지 않으면 욕설 섞인 말을 남발한다. 심지어 "네가 우리 집안일 망쳐 놨다"라는 식으로 모든 탓을 며느리나 사위에게 돌리는 경우도 흔하다.

지적이 반복되면 이혼을 고민하는 쪽은 "아무리 노력해도 나는 이 집안에서 존중받지 못한다."고 절망감을 느낀다. 그런데도 배우자가 나서서 중재하지 않으면 문제가 더 심각해진다. 부부가 한편이 되어 갈등을 완화해 보려 애쓴다면 모르겠지만 대다수 갈등 사례에선 "그냥 들어 드려. 부모님한테 뭐라고 해봤자 소용없어." 라며 사실상 방관하는 배우자 탓에 고통이 가중된다. 물론 부모가 자식을 끔찍이 아끼는 마음 자체가 잘못된 것은 아니다. 문제는 그 아끼는 마음을 표현하는 방식이 며느리를 본인들의 소유물로 표현하는 데 있다. 내 자식과 결혼했으면 넌 우리 것이라는 식의 태도, 더 나아가 자녀 부부의 사적인 생활 영역에 침입하듯 들어와서 "이것저것 바꿔라, 저건 하지 마라."라며 사사건건 지시하는 언행이 반복되면 부부와 시부모 간에 돌이킬 수 없는 감정의 골이 생긴다. 특히 욕설 메시지를 보낸다거나 거친 말로 자녀의 배우자를 모욕하는 것은 명백한 정신적 폭력으로 간주될 수 있다. 문자, 카카오톡 등 기록이 남는 수단으로 폭언을 일삼는다면 법적 분쟁으로도 쉽게 번질 수 있다는 점을 유념해야 한다.

고부간의 갈등이 반드시 이혼으로 이어져야만 하는 건 아니다. 시부모 문제는 안타깝게도 부부가 스스로 해결 의지만 있다면 어느 정도는 완화나 조율이 가능한 영역이기도 하다. 특히 배우자가 적극적으로 "부모님, 제 배우자를 좀 더 존중해 주세요."

라며 분명한 태도를 보이면 시부모 입장에서도 차츰 선을 지키기 시작하는 경우가 적지 않다. 반면 배우자가 계속 뒷짐 지고

"우리 부모님은 원래 성격이 그래서 내가 어쩔 수 없어."

라고 밀어붙인다면 그 갈등은 눈덩이처럼 커져 결국 이혼 혹은 심각한 파탄으로 치달을 가능성이 높다. 서로 다른 두 가족 문화가 얽히는 과정에서 생기는 잡음이니만큼 그 한가운데 선 자녀이자 배우자인 사람이 적극적으로 간극을 메워주어야 한다. 만약 시부모가 잘못된 언행(폭언, 무단 침입, 과도한 간섭)을 지속한다면 자녀가 정중하면서도 단호할 용기도 필요한 법이다.

살다 보면 운이 나쁘다 싶을 정도로 까다로운 시부모를 만나기도 한다. 결국 어떤 형태든 며느리나 사위를 미성숙하게 대하고 무시하는 시부모는 존재해 왔다. 문제는 그것을 방치하느냐 아니면 부부가 제대로 한목소리를 내어 "우리 부부의 생활과 존엄"을 지켜 내느냐가 핵심이다. 시부모가 자녀 부부의 사생활을 침범하는 건 결코 사소한 일이 아니며 욕설이 담긴 메시지나 집요한 간섭은 법적으로도 폭력 범주로

다뤄질 수 있다.

황혼 이혼, 참고 사는 일의 종착역

　남편은 공무원이었는데, 넉넉한 생활비를 주지도 않으면서 미용일을 하는 배우자를 무시하곤 했다. 본인은 배운 사람이지만, 배우자는 못 배운 사람이라며 말이다. 하지만, 실제 결혼생활 동안 자녀들을 먹이고 키운 건 아내였고, 남편은 이런 저런 모임의 장으로 활동하며 여러 여성들과 추문을 뿌리고 다녔다. 아내는 아이들이 3명이나 되니 쉽게 이혼을 결심할 수 없었고, 당장 먹고 사는 문제가 더 컸던지라 남편이 생활비를 끊기지 않게 주는 것만해도 다행이라 생각해서 살아왔다. 하지만 항상 아내는 한 손으로는 마음 속에 숨겨놓은 이혼이라는 카드를 만지작거리고 있었고, 그 카드를 꺼낼 시기는 막내가 결혼식장에 들어간 이후라 생각하며 버텼다. 막내 딸이 엄마의 마음을 알고 취업을 하자 엄마의 이혼 상담을 예약했다. 엄마는 한사코 결혼식 날까지는 생각없다고 버텼지만 요즘 시대에 이혼이 흠이냐며 엄마의 손을 끌고 상담실로 들어갔다. 1년이 넘게 이어진 이혼 소송기간동안 남편의 과거 외도 사실, 월급의 대부분을 남편 홀로 소비한 사실, 장기화된 부부간 갈등 등이 드러났고 결국 아내는 남편과 이혼했고 재산분할, 위자료, 남편 연금까지 모두 인정받았다. 남편은 항소심, 상고심까지 이어가며 아내와 이혼할 수 없다고 주장했다. 이혼 사유는 모두 과거에 발생한 일이라고 주장했으나, 아내가 오랜 기간동안 힘들었던 사실을 뒤집을 수는 없었다. 결국 재판부는 '부부간의 신뢰를 훼손하고 상대방 배우자에 대한 포괄적 협력의무를 저버린 피고에게' 혼인파탄의 책임이 있다고 인정하고 남편에게 위자료 지급을 명했다.

  이혼 상담을 신청한 분은 분명 젊은 여성 분이지만 실제로 상담실에 들어가 보면 젊은 여성 분과 어머니가 앉아 있는 경우가 종종있다. 자녀 분이 어머니의 이혼 상담을 신청한 경우이다.

  보통 결혼 20년차에 접어드는 부부들이 인생의 중후반부에 접어들었을 때, 이혼을 결정하는 경우를 황혼 이혼이라고 한다. 이혼 소송에 관한 통계가 매년 나오고 있는데 근래에는 결혼 자체가 줄어 들면서 이혼 건수는 완만하게 줄고 있는 추세이다. 하지만 황혼 이혼은 이혼 전체의 35%를 차지하고 20년새 2.5배 늘어났다.

아무래도 참고 사는게 미덕이라는 예전의 사고 방식이 이제는 먹히지 않는 시대인 것 같다. 황혼 이혼을 원하는 쪽은 아무래도 여성이 많다. 과거 남편의 외도로 인해 이혼을 결심했지만 자녀들 때문에 결혼 생활을 유지하다가 말년에 이혼을 하는 경우. 몇 십년 간의 결혼 생활 동안 남편이 경제 생활을 전혀 하지 않아 이혼을 결심한 경우. 기억에 남는 의뢰인 중 한 분은 아이를 낳은 날 하루 빼고 매일 일을 하셨다면서 눈물로 손에 박힌 오래된 굳은 살을 보여주신 분이다. 이런 경우 이혼을 말릴 수 없다. 이혼 상담을 하는 나조차도 의뢰자에게 감정 이입이 되기 때문이다.

황혼 이혼을 하게 되는 부부의 공통점이 있다. 바로 정서적 이혼 상태가 상당 기간 지속되었다는 것이다. 정서적 이혼은 부부간 소통의 부재에서 시작된다. 여러 가지 사정으로 그저 한 집안에서 각자의 생활을 이어갈 뿐인 생활. 자녀 양육이나 집안 경제에 대한 최소한의 의사소통만 하는 생활. 건조하고 껄끄러운 관계는 가정에도 있는 법이다. 생각보다 많은 가정이 그렇다.

자녀가 미성년자인 부부일 경우 양육권과 양육비가 이혼의 핵심 사안이 되겠지만 황혼 이혼의 경우 상황이 다르다. 자녀가 성인인 경우가 대부분이기 때문에 황혼 이혼에서의 핵심은 재산 분할이다. 평생 모은 재산의 절반을 분할해야 하기에 양방이 모두 예민해질 수 밖에 없다.

생각보다 많은 사람들이 현재의 배우자 명의로 된 자산만 분할의 대상이 된다고 생각한다. 하지만 국민 연금, 퇴직 연금과 같은 미래에 수령 가능한 자산도 분할의 대상이 된다. 국민 연금을 예로 들어보자. 만약 외벌이 가정이었을 경우 경제 활동을 한 배우자 쪽에서 평생 혼자 일하며 자산을 형성했고 자신의 명의로 연금을 부었다고 해도, 상대 배우자의 내조로 인해 가능했다는 것이 증명되면 연금의 절반은 상대 배우자의 몫이 된다. 단, 조건이 있다. 별거 기간을 뺀 실질적인 혼인 기간이 5년 이상이어야 한다. 그리고 배우자가 국민 연금 수급자로서 생존하고 있어야 하고 분할연금수급권자가 되는 대상이 연금 수급 연령에 도달했다면 분할 연금을 청구할 수 있게 된다. 분할 연금액의 경우 단순 계산하여 전체 연금의 1/2가 되는 것은 아니다. 배우자가 연금 300만 원을 매달 받고 있다고 해보자. 만약 30년을 납입했고 그 납입 기간 중 10년동안만 혼인 생활을 했다면 300만 원의 1/3의 1/2, 즉 50만 원을 받게 된다. 즉, 10년이라는 혼인 기간이 전체 납입 기간 30년 중 얼마나 비중을 차지하는지 또 그 기여가 얼마나 인정되는지에 따라 실제 수령액이 달라지는 것이다.

그렇다고 이 50만 원이 마치 황혼 이혼의 모든 문제를 말끔히 해결해 주는 것은 아니다. 실제 상담 현장에서는, 연금 분할로 인정받을 금액이 있음에도 일상적인 생활비가 충분치 않거나 심리적·정서적으로 이미 한계에 다다른 사례가 많다. 때문에 법과 제도를 통해 몇 대 몇으로 나누는 과정이 결코 쉽거나 가벼운 선택이 아니라는 점을 실감하게 된다. 그럼에도 불구하고 과거와 달리 이제는 황혼 이혼에서도 이런 연금 자산까지 정당하게 분할받을 수 있는 길이 열려 있다는 사실은 적어도 오랜 시간 내조해 온 배우자에게 절실한 최소한의 보호장치가 되어 준다.

 황혼 이혼은 삶의 후반부에 접어든 부부들이 더는 희생이 아닌 새로운 시작을 위해 내리는 결단이기도 하다. 오랜 세월 간과해 왔던 대화 부족이나 정서적 단절이 누적된 이상, "아이를 위해서"라는 명분도 사라진 후에는 오히려 이혼을 통해 자유로운 삶을 찾겠다는 움직임이 늘어나고 있는 것이다. 그러나 동시에 연금 등 미래 자산 분할과 재정적 보장을 꼼꼼히 따져 보는 작업은 필수다. 준비 없이 섣불리 떠나는 결심을 했다간 본인조차 예상 못 한 경제적·심리적 공백에 직면할 수 있기 때문이다.

 여전히 자신이 원하는 인생을 어떻게 설계해 갈 것인가가 관건이다. 가족들에게 헌신하고도 돌아온 것은 허탈함뿐이었다면 황혼 이혼은 더 늦기 전에 나답게 살겠다는 선언일 수 있다. 다만 마지막까지 마음과 재산 정리를 차분히 해 두어야, 긴 인생의 후반부를 더욱 단단하게 살아갈 수 있다. 아이러니하게도 결혼이든 이혼이든 결국 중요한 건 어떻게 하면 서로의 존엄을 지키면서 새로운 국면을 맞이할 것인가라는 문제다.

혼인 취소는 무조건 빠르게

남편은 심각한 정신질환인 조현병을 오랫동안 앓아왔다. 이 질환으로 인해 수년간 정신병원에 반복적으로 입·퇴원을 해야 할 정도였고, 환청이나 망상 등 정상적인 사회생활이 불가능할 정도의 증상을 보이고 있었다. 그런데도 이 남성의 부모는 결혼을 추진하는 과정에서 이러한 사실을 숨긴 채, 주변 사람들에게 적극적으로 중매를 부탁했다. 결국 이 남성과 아무것도 모른 채 결혼한 여성은 결혼 초반에는 남편이 단지 말수가 적고 내성적인 성격이라고만 생각했다. 결혼 생활이 시작되자마자 남편은 외출을 하지 않고 혼잣말을 하거나, 환청을 듣고는 아내에게 "도끼로 머리를 찍어버리겠다."는 위협적인 말까지 하는 등 심각한 증상을 나타냈다.

위 사례는 민법상 '혼인취소 사유'에 해당할 수 있다. 민법 제816조는 혼인을 결정할 때 중대한 영향을 미치는 사실에 대해 일방이 상대방을 기망한 경우, 또는 혼인 당시 부부 생활을 계속할 수 없는 중대한 사유를 상대방이 알지 못한 경우 혼인을 취소할 수 있도록 규정하고 있다. 중증의 정신질환은 혼인의 본질적 요소인 정상적인 부부 생활 및 사회생활이 어렵게 만드는 중요한 사항이므로, 이를 숨기고 결혼한 행위는 명백히 법률상 '기망'으로 평가될 수 있다. 이 경우 피해자는 혼인 취소뿐만 아니라 상대방에게 정신적 고통에 대한 위자료 청구도 가능하며, 더 나아가 배우자의 부모가 결혼 과정에서 적극적으로 중매를 주도하며 정신질환을 은폐했다면 이들에게도 위자료 지급 의무가 인정된다.

혼인취소를 위해서는 '혼인을 결정할 때 중대한 영향을 미치는 사실'을 알지 못했음을 입증해야한다. 보통은 배우자의 혼인전력, 혼외자 존재, 중증의 정신질환, 학력, 범죄전력 등이 문제된다.

어느 여성의 남자친구는 어느 곳 하나 모자랄 것이 없는 학력, 외모, 성품을 지녔기에 여성의 입장에서는 훌륭한 배우자감이었다. 여성은 남자친구와 결혼을 약속하고 남자친구의 부모님을 만난 자리에서 당황스러운 경험을 하였다. 남자친구 어머니가 눈물을 글썽이며 여성의 손을 꼭 잡고, 고맙다고 연신 인사를 건넨 것이다. '훌륭한 아들을 둔 어머님의 인품 또한 좋으시다.'라고 넘기기에는 뭔가 숨기고 있는 것은 아닌지 의심이 들었으나, 곧 의심할 겨를도 없이 결혼준비로 바쁜 하루를 보내게 되었다.

　결혼식을 마친 후 어느 날 여성은 시어머니 SNS 프로필에서 아이 사진을 몇 장 보게되었다. 외동인 남편에게는 조카가 없었기 때문에 시어머니가 사진을 올릴만한 아이가 누구일까 궁금했는데, 남편은 여성의 질문에 당황한 기색을 보이며 답변을 피했다. 여성은 인터넷에서 비슷한 사례들을 검색해보다가 날이 밝자마자 주민센터에 가서 남편의 가족관계증명서를 발급받았다. 남편은 7살 된 아이의 아빠였다. 아내는 망연자실한 상태로 사무실에 찾아왔고, 곧 혼인취소 소장을 법원에 접수했다.

　이러한 혼인취소 소송은 제척기간이 매우 짧다는 점에 주의해야 한다. 민법에서는 혼인 취소 사유를 인지한 날로부터 3개월(사기로 인한 경우) 또는 6개월(악질 등 중대한 사유의 경우) 내에 소송을 제기하도록 엄격히 제한하고 있다. 법적 실무에서는 중증과 경증을 오가는 정신질환의 경우라도 기간을 3개월로 엄격하게 해석하는 경우가 많다. 따라서 혼인 전 배우자의 정신질환 사실 또는 혼인하였던 사실 등을 알게 된 즉시 법률상담을 받고 빠르게 소송 준비에 착수해야만, 혼인취소 및 위자료 청구 소송에서 유리한 결과를 얻을 수 있다. 혼인취소 소송을 제기할 수 있는 기간이 너무 짧게 느껴질 수도 있지만, 법은 '법적 안정성'을 매우 중요하게 여기는 분야이다. 혼인취소 제척기간이 짧게 설정된 가장 큰 이유 또한 혼인관계의 안정성을 보호하기 위함이다. 혼인은 자녀와 가족 전체에 영향을 미치는 중요한 법률관계이기 때문에 혼인관계가 언제 취소될지 모르는 불안정한 상태로 장기간 유지되는 것을 방지하고자 제척기간이 짧게 두었다. 만약 이 제척기간을 놓친다면 혼인취소가 아닌 일반적인 이혼청구 소송으로 진행해야 한다는 점 또한 알아두어야 한다.

보호받으려면 혼인 신고를 해라

결혼에 회의를 느끼는 사람들은 "결혼은 서로의 사랑으로 맺어지는 것이지 꼭 서류가 중요해?"라고 말한다. 오히려 위와 같은 사유들이 있을 때 그냥 떠나기만 하면 된다고 생각해 혼인 신고를 안하는 경우도 있다. 정말 그렇다면 왜 법은 부부에게 혼인신고라는 절차를 요구할까? 이혼 전문 변호사의 시각에서 볼 때 혼인신고 여부는 단순히 결혼식의 유무보다 훨씬 심층적이고 중요한 문제다. 애정이야 서로 믿고 지켜 나갈 수 있다 쳐도 일단 법적 제도적 보호를 받으려면 반드시 혼인신고가 되어 있어야만 한다. 사실혼 상태로 살아가면서도 어느 정도

"우린 부부나 다름없다"고 느낄 수 있지만 막상 보호를 받아야 할 순간에 많은 이들이 돌이킬 수 없는 실수를 깨닫게 된다.

예컨대 재산 분할을 생각해보자. 법률혼 상태라면 두 사람 사이에서 형성된 재산을 부부 공동 재산으로 인정해 나누는 것이 기본 원칙이다. 설령 경제 활동은 한쪽이 더 많이 했더라도 다른 쪽이 집안일 육아로 헌신해 왔다면 법원이 재산 분할 시 이를 정당하게 반영한다. 그러나 사실혼 부부의 경우 재산을 함께 모아도 사실혼 관계가 인정되기 전에는 재산분할을 할 수 없다. 사실혼 부부로 인정되는 경우에는 재산분할에 관한 규정이 준용 또는 유추적용(성질이 비슷한 다른 법을 적용하는 일)된다. 다만, 사실혼 관계의 증명과 재산형성에 대한 기여도를 입증하는 과정에서 법률혼보다 더 많은 증거를 요구할 수 있다.

상속 문제는 더 심각하다. 혼인신고를 한 부부라면 배우자에게 법정 상속권이 당연히 주어진다. 남편이든 아내든 한쪽이 사망했을 때 살아 있는 배우자는 상속을 통해 법적 권리를 이어받는다. 그런데 사실혼 상태에선 법에 명시된 배우자가 아니므로 상속인이 되지 못한다. 비록 함께 오랫동안 살며 재산을 형성했다 해도 상대가 갑자기 세상을 떠나면 법적 효력 없는 남남이 돼 버릴 위험이 크다. 오랜 기간 동고동락하며 가족처럼 지냈는데 정작 사고나 질병으로 배우자가 유고가 되면 그 재산은 고스란히 다른 혈족에게 돌아가는 식이다.

자녀 문제도 무시할 수 없다. 만약 사실혼 관계에서 아이를 낳았다면 초기에 출생신고 절차가 복잡해지거나 생부 생모가 누군지 친권을 어떻게 귀속시킬지 명확하지 않아 법적 분쟁으로 번지기 쉽다. 생모는 출산 사실만으로 모자관계가 성립하지만, 생부는 생모가 부로 신고해 주지 않는다면 인지 절차를 통해 법적 부자관계를 형성해야한다. 혼인신고가 되어 있으면 당연히 혼인 중 출생자로 간주해 부모가 함께 양육권 친권을 행사하나 사실혼이라면 일일이 서류 작업과 친자 확인을 거쳐야 한다. 또한, 사실혼 해소 시 친권자와 양육자 지정에 관한 법적 절차가 명확하지 않아 분쟁의 소지가 있다. 결국 가정이 평온할 때는 별문제가 없어 보여도 한 번이라도 큰 갈등이나 사고가 생기면 혼인신고를 하지 않았다는 사실이 여러 문제를 낳는다.

이처럼 사실혼은 제도권의 온전한 보호를 받기 어려운 관계다. 물론 법률에서 일부 예외적으로 사실혼도 재산 분할 청구나 위자료 청구가 가능하도록 인정하는 경우가 있다. 하지만 그 요건과 입증 절차가 매우 까다로우며 혼인신고를 하였다면 불필요했을 절차, 즉 부부임을 인정받기 위한 노력을 하여야한다. 예컨대 동거 사실을 입증해야 하고 주변 지인의 증언, 가정생활의 흔적, 공동재산 관리방식, 가족사진 등 온갖 자료를 제출해야 한다. 그 과정에서 엄청난 심리적 부담과 비용이 드는 것은 물론이고 법원 판결이 사실혼을 안정적으로 보호해 주리라는 보장도 없다. 그동안 동거인을 아내(혹은 남편)로 불러 왔다 해도 국가는 혼인신고를 하지 않는 한 그들을 진짜 부부로 간주하지 않기 때문이다.

한 아내는 사실혼 관계로 있던 남편이 직장 동료와 바람이 났다며 상간녀 소송 진행했다. 아내는 남편과 사실혼으로 4년간 사실혼으로 살았고, 따로 결혼식을 올리진 않았지만 남편의 직장 동료들은 본인을 남편의 배우자로 알고 있다고 했다. 남편과 바람을 핀 상간녀를 혼내주겠다며 출석한 변론기일에서 판사님으로부터 '사실혼이라고 하는데, 증거가 있나요?'라는 이야기와 증거가 부족하다는 이야기를 듣고 충격에 빠졌다. 4년 동안 남편이라고 부르며 살아왔고, 여느 부부들과 마찬가지로 부부 모임을 하면서 정말 대외적으로도 부부처럼 지냈는데 법원에서는 혼인관계증명서에 부부라고 적혀져 있지 않다는 이유로 부부라는 증거를 가져와야 인정해준다니 아내의 입장에서는 충격적일 수 밖에 없었다.

아내는 부랴부랴 변호사 상담을 받아 증거를 제출해봤지만, 법원은 아내가 제출한 증거만으로는 상간녀가 사실혼 관계에 있음을 알기는 어려웠을 것이라 판단해서 아내의 청구를 기각하였다.

사실혼을 선택하는 이유는 사람마다 다르다. 결혼식이나 법률혼을 형식적 구속으로 여겨서일 수도 있고 복잡한 재혼 절차를 피하려는 의도일 수도 있다. 하지만 이혼 전문 변호사로서 여러 사건을 지켜보면 혼인신고가 없이 살아가다 뒤늦게 큰 불이익을 겪는 사례가 부지기수다. 재산 분할은커녕 아이 양육권, 부모님 병원비 처리를 두고도

"우리는 법적 부부가 아니었잖아"라는 말 한마디에 정당한 권리를 얻지 못하고 길바닥에 내몰리는 것이다.

결론적으로 가정 안에서 맞닥뜨릴 수 있는 무수한 문제—예를 들어 불가피한 이혼, 갑작스러운 상속, 자녀 양육 및 친권, 의료 결정권 등—에 대해 국가 제도는 혼인신고가 이루어진 부부에게만 가장 확실한 보호를 부여한다. 사실혼으로도 어느 정도 부부 생활을 영위할 수 있다고 생각할지 모르지만 막상 보호가 절실해지는 시점에서 혼인신고가 없다는 사실은 끔찍한 허점으로 작용한다. 결혼을 신성시하거나 예식 이벤트를 강조하는 차원의 이야기가 아니다. 중요한 건 "나와 배우자가 법률이 인정하는 부부로서 필요한 보호막을 제대로 갖추고 있는가?"라는 현실적 질문이다.

결국 혼인신고의 의의는 "사랑을 증명한다"는 낭만이 아니라 실제로 서로가 법적 가족이 되어 위기와 갈등 앞에서 자기 권리를 지켜 낼 수 있다는 데 있다. 이는 출생의 비밀이니 상속이니 하는 원초적 문제부터 배우자가 사고로 병원 신세를 질 때 보호자로서 합법적 발언권을 행사할 수 있는지까지 폭넓은 영역에 걸쳐 영향력을 미친다. 결혼이 단지 "의지하면 그만"이라고 생각하던 이라면 이 지점에서 한 번쯤 돌아보기 바란다. 보호받으려면 혼인신고를 해야 한다. 그리고 그것이 결혼이라는 제도가 가진 가장 현실적인 의미이기도 하다.

증거 수집을 해야한다면

배우자와의 관계 혹은 나 자신으로 서기가 어려운 상황이 찾아온다면? 이혼을 고려해볼 수 있다. 이 장에서는 이혼 소송에서 유리한 판결을 얻기 위해 반드시 필요한 증거 수집에 대해 다뤄보려고 한다. 현재 이혼을 고민 중인 분들에게 큰 도움이 되길 바란다. 결혼 생활이 파국으로 치닫는 과정에서 많은 부부가 "결정적 증거만 있으면 해결될 텐데"라고 여긴다. 실제로 이혼 소송에서는 배우자의 외도나 폭력, 도박 등 파탄 사유를 어떻게 입증하느냐가 승패를 좌우하기도 한다. 그런데 증거 수집은 생각처럼 간단하지 않다. 법률적으로 허용되는 범위를 넘어서거나 증거 자체가 불법으로 취득된 것으로 드러나면 오히려 역풍을 맞을 수 있다. 이혼 전문 변호사인 내 입장에서도 의뢰인들이 "흥신소를 써서라도 증거를 잡고 싶다"는 열망을 보일 때마다 그로 인해 발생할 위험성을 충분히 설명해야 할 때가 적지 않다.

　배우자의 외도를 의심할 때 보통 탐정이나 흥신소를 통해 몰래 사진을 찍거나 위치 추적기를 부착하는 방식을 떠올리지만 이런 행위는 자칫 불법이 된다. 위치 추적기는 위치정보보호법 위반 가능성이 높고 상대방이 불법 감시를 인지해 경찰에 신고하면 증거를 모으려던 쪽이 오히려 처벌받을 수도 있다. 카톡이나 이메일을 몰래 열람하고 캡처하는 것도 통신비밀보호법 위반이 될 수 있어 소송에서 되레 불리해지기 십상이다. 더욱이 불법으로 취득한 증거가 이혼 소송에서 효력을 인정받을 것이라는 보장도 없다.

　사생활 침해라는 윤리적·심리적 문제도 무시하기 어렵다. 분노와 억울함에 사로잡혀 무조건적으로 상대를 감시하기만 하면 법적 절차 이전에 부부 사이 최소한의 신뢰조차 깡그리 무너진다. 한편 이혼 분쟁에서 결정적 한 방을 노린다고 해도 실제 소송에서는 재산 분할이나 양육권, 위자료 등 여러 쟁점이 얽혀 있어 "증거만 있으면 즉시 깔끔하게 승소한다"는 단순 공식이 잘 들어맞지 않는다. 강력한 증거가 제출될수록 상대방은 더욱 격렬히 맞서 싸우거나 불법성을 지적해 역공을 날릴 수 있다.

그렇다면 "어떻게 합법적으로 증거를 확보할까"라는 의문이 남는다. 요령이라면 자신이 정당하게 접근할 수 있는 메시지·통장내역부터 정리하고 사진이나 녹취는 미리 변호사와 상의해 불법 여부를 따져보는 정도. 흥신소를 쓸 경우에도 위치 추적이나 도청 같은 수단은 피해야 하며 해당 자료가 법정에서 실제로 쓰일 수 있는지 냉정하게 점검해야 한다. 무엇보다 증거 확보에만 집착하다 보면 부부간 갈등을 대화나 조정으로 풀어낼 기회조차 잃게 될 가능성이 크다. 이혼 전문 변호사로서 늘 강조하듯 "확실한 증거 = 빠른 이혼"이라 단정할 순 없으며 불법성 시비로 진흙탕 싸움이 더 길어지기 쉽다.

결국 증거 수집의 딜레마는 이혼 분쟁에서 필요불가결한 정보 취득과 타인의 사생활·인격권 침해 사이에서 줄타기하는 문제다. 잘못하면 처벌 가능성을 무릅쓰고도 실제 법정 효력은 얻지 못하고 갈등만 극단화시키는 결과로 이어진다. 게다가 결정적인 증거로 승소해도, 재판이 오래 걸리고 감정적 대립이 커져 양측의 상처가 깊어질 수 있다. 그래서 내가 의뢰인들에게 조언할 때는 "결정적 한 방"을 원하기보다 합법적 범위 안에서 확보할 수 있는 자료를 정리하되 최대한 적대 관계를 악화시키지 않는 선에서 접근하라고 권한다.

결국 이혼 소송은 증거만으로 해결되는 단순 공식이 아니라 재산·양육권·위자료 등 여러 갈등 요소가 복잡하게 얽힌 장기전이 될 때가 많다. 증거가 관건이긴 하지만 그 증거를 얻으려는 방식과 태도 자체가 소송의 흐름과 결과에 심대한 영향을 준다는 사실. 이것이 바로 증거 수집을 둘러싼 딜레마의 본질이다.

내가 바라보는 결혼

7장

결혼은 사랑의 완성을 향한 공동 여정

결혼은 흔히 남녀의 사랑이 하나의 마침표에 도달한다는 이미지로 그려지지만 실은 더욱 큰 과정의 시작에 가깝다. 두 사람이 결혼을 통해 맺어지는 것은 단지 호감을 넘어 서로의 행복을 함께 추구하겠다는 의지에 기반한다. 이는 철학자나 심리학자들이 말하는 "상대방의 행복을 곧 내 행복으로 여기는 이타적 애정"에 해당하며 결혼이라는 제도 안에서 두 사람은 이 애정을 현실로 구체화해 간다. 이때 무엇보다 중요한 키워드는 바로 희생이다.

심리학 연구에서 결혼은 상호 의존성이 절정으로 치닫는 특수한 공동체 관계로 설명된다. 두 사람이 경제·가사·자녀 양육 등에서 서로를 깊이 의존하기 때문에 한쪽의 결심이나 행동이 곧 다른 쪽의 안위와 행복을 좌우하게 된다. 여기에서 상호주의나 배려만으론 해결되지 않는 장면이 비일비재하게 등장한다. 예컨대 육아 분담을 두고 한 사람이 극도로 지친 상황이라면 다른 쪽이 자신의 시간이나 에너지를 희생해 도와주어야 부부 공동체가 유지된다. 이를 회피하거나 단순한 이해만으로 미봉하려 들면 부부는 곧 갈등의 늪에 빠지고 만다.

희생은 결혼 생활을 움직이는 핵심 기제로서 서로의 결속을 더욱 공고히 하는 동반자적 유대감을 강화한다. 행동경제학 관점에서도 개인이 일정 부분의 이익을 기꺼이 포기함으로써 상대를 돕거나 존중해주는 행위가 나타나면 집단 내부(여기서는 부부)의 신뢰가 커진다는 사실이 다수의 연구를 통해 확인되었다. 부부는 세상 어느 관계보다도 밀착된 협력 체제이므로 희생을 통한 신뢰 형성은 결혼의 안정성을 유지하는 데 필수적이다.

그렇다면 결혼 생활에서 말하는 희생이 구체적으로 무엇일까. 이를 요약하자면 시간과 에너지를 나누고 경제적 우선순위를 조정하며 심리·정서적 배려를 일상적으로 실천하는 일이라 할 수 있다. 한 사람이 피곤해도 아이를 돌봐야 한다면 다른 사람이 자발적으로 육아 부담을 나누어 져야 한다. 또 가정의 목표(주택 마련, 부모 부양 등)를 위해 취미나 여유 자금을 줄여야 할 수도 있다. 사소한 예로는 배우자의 감정을 보살피거나 서로 다른 의견을 합의점으로 끌고 가기 위해 자신이 한두 발 물러서는 태도도 희생에 속한다. 이런 상호 희생이 반복되면서 두 사람은 "내가 이 사람에게 소중한 존재이고 동시에 이 사람도 내 행복을 중요시 여긴다"라는 확신을 얻게 된다.

반면 결혼 초반에는 막연한 낭만적 믿음과 열정으로 우린 잘 맞을 거야라고 생각하다가 정작 현실에 부딪히면 "왜 내가 이만큼 양보해야 하지?"라는 불만이 생겨나기 십상이다. 부부가 각각 나도 힘든데 네가 더 고생해 줘야 하는 거 아니야?라며 이기심을 키우면 갈등은 눈덩이처럼 커져 결혼생활이 흔들리는 건 순식간이다. 이는 상호 이기주의가 치솟는 관계에서 구성원들은 결국 집단(부부라는 공동체)의 장기적 이익보다 개인의 단기 만족을 우선시하게 되기 때문이다.

그러나 결혼이 "사랑의 완성"이라 불리는 이유는 이러한 현실 갈등을 함께 넘어서며 한층 더 성숙한 관계로 나아갈 수 있다는 점에 있다. 사랑을 유지하기 위해선 감정적 유대가 필수적이지만 그 감정이 생활 전반의 책임과 노력으로 연결되지 않는다면 결혼은 허울뿐인 동거 형태가 되기 쉽다. 누군가는 결혼을 "곧 나 자신을 버리는 것"이라 극단적으로 말하기도 하지만 사실 희생은 자신을 무조건 부정하는 행위가 아니다. 오히려 두 사람이 서로를 위해 조금씩 양보하고 보완하면서 상호 성장을 이루는 적극적 선택이라고 보는 편이 타당하다.

결국 결혼을 남녀의 사랑이 완성되는 장이라 부를 때 그 완성은 단한 번의 결혼식이나 법적 서류로 이뤄지지 않는다. 부부는 결혼생활이 계속되는 동안 숱한 순간에 서로의 행복을 최우선에 두어야 하며 그 과정에서 자신의 일정 부분을 기꺼이 희생하게 된다. 이 반복을 통해 부부는 감정적 안정감을 얻을 뿐 아니라 개인 차원에서도 한층 성숙한 자아를 경험하게 된다. 그런 의미에서 "결혼은 희생이 있어야만 서로에게 더 큰 기쁨과 성장을 선사한다"라는 말은 결코 수사적 표현이 아니다.

희생을 기피하거나 "누가 더 양보했는지"를 따지는 식의 경쟁 구도가 형성되면 부부는 금세 균열에 직면하게 된다. 결국 결혼이란 "내가 기꺼이 내 자원을 나누어 주어도 아깝지 않은 관계"라는 확신이 있을 때만 유지된다. 이 확신이 바로 진정한 사랑의 완성을 향해 가는 열쇠이며 그 깊숙한 심장부에는 언제나 희생이라는 이름의 배려와 노력이 자리 잡고 있는 것이다.

에필로그:
이혼, 그리고 사랑의 여정

　우리는 이 책을 통해 결혼이란 어떤 모습이고 그 결혼의 파탄인 이혼이 실제로 어떻게 진행되는지를 다양한 각도에서 살펴보았다. 결혼은 흔히 말하는 남녀의 사랑을 완성하는 제도이면서도 현실적으로는 책임과 의무를 짊어지고 일상의 문제들을 나누어 지는 공동체다. 결혼에 진입하기 전에는 "낭만과 열정만 있으면 되지 않을까?"라고 생각하기 쉽지만 막상 생활 속으로 들어가 보면 재산 분할, 가족 간 갈등, 성격 차이, 육아, 시부모·처가 문제가 끊임없이 두 사람을 시험한다. 이때 서로의 다름을 어떻게 인정하고 조율하느냐에 따라 결혼은 두 사람이 함께 성장하는 장이 되기도 하고 파국으로 치닫는 갈등의 장이 되기도 한다.

그 파국의 대표적 형태가 바로 이혼이다. 우리는 이혼이 법적으로나 사회적으로 얼마나 복잡하고 까다로운 확인했다. 인생을 함께하겠다며 이어진 인연이 재판과 법률 문서를 통해 무표정한 숫자와 합리적 계산의 언어로 청산되는 광경은 무척 씁쓸하다. 그러나 동시에 이혼은 파괴적이기만 한 선택이 아니라 때로는 위험하고 폭력적인 결혼 생활에서 스스로를 지키고 다시 나를 되찾기 위한 용감한 결정이 될 수도 있다. 사랑이 고귀하다고 해서 어떤 희생을 강제해도 된다는 법은 없다. 서로의 인격과 존엄이 보호되지 않는 결혼이라면 그 결혼은 이미 이름만 남은 껍데기에 불과하기 때문이다.

무엇보다 이 책이 조명한 중요한 메시지 중 하나는 결혼은 사랑으로 완성되지만, 그 사랑이 늘 달콤한 감정만을 의미하지 않는다는 것이다. 결혼 생활에는 서로를 위해 희생하고 감정을 돌보고 무너져 가는 관계를 붙잡기 위해 끝없이 대화하는 과정이 필수적으로 따라온다. 사소한 갈등도 회피하지 않고 마주해야 무관심이라는 검은 구멍에 빠지지 않을 수 있다. 폭력, 외도, 망상이나 의처증·의부증처럼 사랑만으로 해결되지 않는 특수한 문제에 부딪혔을 때도 마찬가지다. 부부가 함께 노력하고 대화를 시도해 볼 수 있다면 그 길을 찾는 것이 우선이지만 도저히 극복이 불가능하다면 이혼도 결코 비난만 받을 결정은 아니다.

결혼이든 이혼이든 결국 우리가 진정 고민해야 할 질문은 "내가 지금 얼마나 인격체로서 나를 돌보고, 동시에 상대방을 존중하고 있는가"일 것이다. 결혼은 서류 한 장으로 성립될 수 있지만 결혼의 진정한 완성은 결코 자동으로 이뤄지지 않는다. 이혼은 가정이라는 공동체의 해체를 의미하지만 때로는 당사자들이 새로운 삶을 이어 갈 수 있도록 돕는 출구가 되기도 한다. 중요한 건 자신이 서 있는 위치에서 왜 결혼을 유지하려는지 또는 어떤 이유로 이혼을 결심했는지 깊이 돌아보는 일이다.

이 책의 첫 페이지에서 말했듯 이혼은 결코 모범답안이나 죄악의 관문이 아니다. 마치 우리의 일상이 늘 예측 불가능하듯 부부 관계 역시 무수한 사건과 감정으로 출렁이며 예측불허의 길을 걷는다. 때론 크고 작은 갈등을 통과해 더욱 끈끈해지기도 하고 어떤 경우에는 끝내 합의점을 찾지 못해 별개의 길을 가게 된다. 이 책이 전하려 했던 메시지는 그 과정을 두려워하거나 무조건 부정하기보다는 차가운 서류 뒤에 숨어 있는 결혼과 사랑, 그리고 인간적 고민을 똑바로 바라보자는 것이다.

또한 이혼을 두고 합리성의 잔인함을 느끼는 순간도 있지만 역설적으로 그 합리성 덕분에 나와 상대방, 혹은 아이가 더 크게 다치지 않고 다시금 삶을 꾸려 갈 수 있다는 사실을 잊지 말자. 법이 마련해 놓은 숙려 기간, 재판 절차, 가사조사관 제도는 가정을 함부로 깨뜨리지 않으려는 사회적 장치이기도 하다. 이혼의 가능성을 진지하게 점검해 보면서도 여전히 해결을 모색해 볼 여지가 있는지를 확인하는 방어선이자 마지막 기회인 셈이다.

결국 결혼을 통해 우리가 얻고자 하는 것 그리고 이혼으로 인해 우리가 지키고자 하는 것은 존엄한 나이면서 동시에 책임 있는 우리다. 결혼은 결코 누군가를 소유하거나 통제하는 절차가 아니다. 때로 그 책임이 너무 무겁게 느껴져 도망치고 싶을 때도 있겠지만 책임을 함께 질 마음이 있다는 것 자체가 결혼을 지속하는 힘이 된다. 만약 그것이 불가능하다고 결론 내릴 때라면 냉혹하더라도 내 인생과 서로의 존엄을 위해 최선의 선택을 해야 한다.

이 책이 마무리되고 나면 독자들은 각자 다른 자리에서 다시금 결혼과 사랑을 보게 될 것이다. 누군가는 아직 결혼 전이거나 누군가는 결혼 생활 한복판에 있으며 누군가는 이혼을 고민하는 단계일 수도 있다. 어떤 입장이든 결혼의 복잡한 내막과 이혼이 주는 통렬한 경험을 곱씹어 본 이상 조금 더 넓은 시야로 삶을 바라보게 되리라 믿는다. 그리고 부디, 사랑과 책임의 균형점을 찾기 위해 서로를 진심으로 이해하기 위해 그리고 도저히 버틸 수 없다면 다시 일어설 용기를 내기 위해—이 책의 내용이 작은 안내와 위로가 되어 주길 바란다.

결혼은 완성형이 아니라 늘 진행형이다. 이혼조차도 그저 단절이 아닌 그 진행형 위에서 또 다른 시작점을 만들어 낸다. 우리가 이별 속에서조차 배우게 되는 건 결국 인간이란 존재가 서로 기대고 의지하며 살아갈 수밖에 없다는 사실이다. 그 위태로운 의존과 각자의 자유가 공존하는 한가운데서 삶은 부서지기도 하고 다시 이어지기도 한다. 그리고 그 모든 과정은 결코 헛된 것이 아니다. 사랑이든 결혼이든 혹은 이혼이든 우리가 인간으로서 어떻게 끝까지 존엄을 지키며 살아갈 것인지 계속 질문하고 답을 찾아 나갈 기회이기 때문이다.

결혼의 모양

초판 1쇄 발행 2025년 10월 31일

저자 안소현
펴낸이 김영근
편집 이정효
펴낸곳 마음 연결
주소 경기도 수원시 팔달구 인계로 120 스마트타워 604
이메일 nousandmind@gmail.com
출판사 등록번호 251002021000003
ISBN 9791193471906 (03300)
값 18000